KB173775

쉽게 배우고 생활에 바로 쓰는

스마트한
모바일 정보검색

(주)지아이에듀테크 저

iCox
Education by Sympathy

쉽게 배우고 생활에 바로 쓰는
스마트한 모바일 정보검색

초판 1쇄 인쇄   2020년 03월 20일
초판 1쇄 발행   2020년 03월 30일

지은이   ㈜지아이에듀테크
펴낸이   한준희
펴낸곳   ㈜아이콕스

기획/편집   아이콕스 기획팀
디자인   이지선
영업지원   김진아
영업   김남권, 조용훈

Education by Sympathy

주소   경기도 부천시 중동로 443번길 12, 1층(삼정동)
홈페이지   http://www.icoxpublish.com
이메일   icoxpub@naver.com
전화   032-674-5685
팩스   032-676-5685
등록   2015년 7월 9일 제 2017-000067호
ISBN   979-11-6426-116-1

30년째 컴퓨터를 교육면서도 늘 고민합니다. "더 간단하고 쉽게 교육할 수는 없을까? 더 빠르게 마음대로 사용하게 할 수는 없을까?" 스마트폰에 대한 지식이 없는 4살 먹은 어린아이가 스마트폰을 가지고 놀면서 스스로 사용법을 익히는 것을 보고 어른들은 감탄합니다.

그렇습니다. 컴퓨터는 학문적으로 접근하면 배우기 힘들기 때문에 아이들처럼 직접 사용해 보면서 경험적으로 습득하는 것이 가장 빠른 배움의 방식입니다. 본 도서는 저의 다년간 현장 교육의 경험을 살려 책만 보고 무작정 따라하다 발생할 수 있는 실수와 오류를 바로잡았습니다. 컴퓨터를 활용하는 데 꼭 필요한 핵심 내용을 중심으로 집필했기 때문에 예제를 반복해서 학습하다 보면 어느새 원리를 이해하고, 활용할 수 있는 단계에 오르게 될 것입니다. 쉽게 배우고 생활에 바로 쓸 수 있게 집필된 본 도서로 여러분들의 능력이 향상되기를 바랍니다. 물론 본 도서는 여러분의 컴퓨터 능력을 향상시킬 수 있는 수많은 방법 중 한 가지라는 말씀도 드리고 싶습니다.

교육 현장에서 늘 하는 말이 있습니다.
"컴퓨터는 종이다. 종이는 기록하기 위함이다."
"단순하게, 무식하게, 지겹도록, 단.무.지.반! 하십시오."
처음부터 완벽하지는 않겠지만 차근차근 익히다 보면 어느새 만족할 만한 수준의 사용자로 우뚝 서게 될 것입니다.

끝으로 이 책이 나올 수 있도록 도움을 주신 지아이에듀테크, ㈜아이콕스의 임직원 여러분들께 감사의 마음을 전합니다.

㈜지아이에듀테크

★ 각 CHAPTER 마다 동영상으로 더 쉽게 학습할 수 있도록 QR코드를 담았습니다. QR코드로 학습 동영상을 시청하는 방법은 다음과 같습니다.

1. Play스토어 네이버 앱을 ❶설치한 후 ❷열기를 누릅니다.

 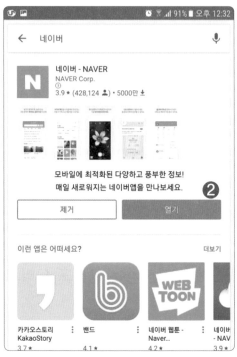

2. 네이버 앱이 실행되면 하단의 ❸동그라미 버튼을 누른 후 ❹렌즈 메뉴를 선택합니다.

3. 본 도서에는 **Chapter**별로 상단 제목 오른쪽에 ❺**QR코드**가 있습니다. 스마트폰
의 화면에 QR코드를 사각형 영역에 맞춰 보이도록 하면 QR코드가 인식되고, 상
단에 동영상 강의 링크 주소가 나타납니다. ❻**동영상 강의 링크 주소**를 눌러 스
마트폰으로 학습할 수 있습니다.

※ 유튜브(www.youtube.com)에 접속하거나, **유튜브** 앱을 사용하고 있다면 **지
아이에듀테크**를 검색하여 동영상 강의를 들을 수 있습니다. **재생목록** 탭을 누
르면 과목별로 강의를 찾아볼 수 있습니다.

CHAPTER 01-1 모바일 기기 익숙해지기 ▶▶▶

🖱 스마트폰과 태블릿 살펴보기

모바일 기기는 스마트폰과 태블릿으로 구분할 수 있는데 사용하는 방법은 동일하지만 문서 작업 등을 하기에는 태블릿이 편하고, 휴대하기에는 스마트폰이 편합니다. 태블릿은 유심이 삽입되어 통화까지 되는 기기와 와이파이로 인터넷을 할 수 있는 기기로 구분됩니다. 안드로이드와 아이폰의 운영체제의 차이로 UI가 다른 것도 있기는 합니다만, 여기서는 안드로이드 운영체제를 사용하는 스마트폰과 태블릿을 다루도록 합니다.

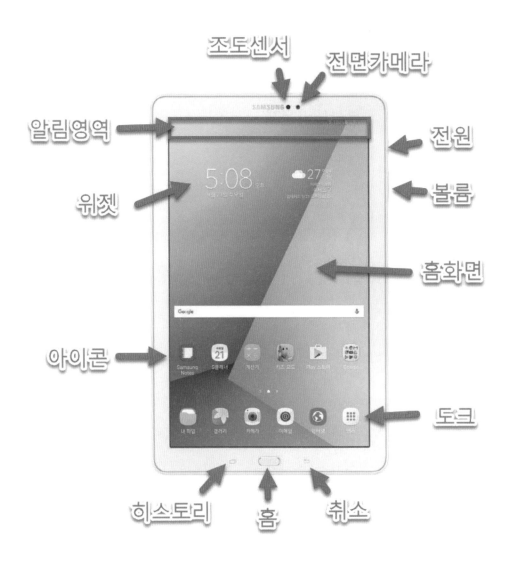

🖱 홈 화면 살펴보기

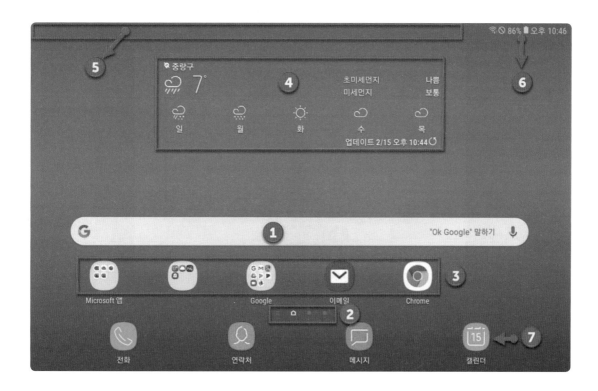

❶ **검색 위젯** : Google에서 빠른 검색을 할 수 있고, 마이크를 탭하면 음성으로 검색할 수 있습니다.

❷ **홈화면 이동** : 태블릿이나 스마트폰을 켰을 때 제일 먼저 보이는 화면으로 여러 개의 홈화면으로 구성할 수 있으며, 홈 화면에는 아이콘, 위젯, 폴더 그리고 도크로 구성되어 있습니다.

❸ **아이콘** : 컴퓨터에서 바로가기 아이콘으로, 애플리케이션을 설치하면 자동으로 나타나기도 합니다.

❹ **위젯** : 애플리케이션의 기능이 곧 바로 화면에 나타나서 결과를 확인하기 편하게 만들어 놓은 기능입니다.

❺ **알림표시줄** : 모바일 기기에서 작업한 결과나 알림사항을 표시가 되는 영역으로, 아래로 드래그를 하면 알림창이 열립니다. 알림사항이 많을 경우엔 좌우로 화면을 넘기면서 확인할 수 있습니다. 상세한 사항은 다음 페이지에서 알아봅니다.

❻ **트레이** : 애플리케이션 및 제품의 현재 상태를 나타내는 영역으로 배터리 남은 용량과 현재 시간을 알려주며, 와이파이, 블루투스, 진동 모드, 비행기 탑승모드, 위치정보, 오류 발생등 태블릿의 연결상황과 사용자에게 알려줘야 하는 것을 표시해 주는 영역입니다.

❼ **도크** : 화면이 이동되어도 항상 고정되어 있는 영역입니다.

🖱 알림표시줄

❶ **환경설정 :** 모바일 기기의 전체적인 설정을 할 수 있는 것으로, 기기와 애플리케이션 및 보안, 알림 등 전반적인 설정을 이곳에서 합니다.

❷ **알림창 :** 모바일 기기에 기능을 켜거나 끄는 기능으로 태블릿이나 스마트폰 버전별로 다양하게 구성되어 있습니다.

- Wi-Fi : 와이파이를 연결하거나 끊어줍니다.
- 자동회전 : 정보검색을 편하게 하려면 꺼두는 것이 좋습니다.
- 소리 : 전화벨, 알림, 미디어 볼륨을 각각 조절할 수 있는데 대회기간에는 꺼야합니다.
- 블루투스 : 반드시 해제해 두도록 합니다. 부정행위로 간주될 수 있습니다.

❸ **알림창 개수 :** 현재는 2개가 알림창으로 구성된 것을 알 수 있는데 태블릿의 기능이 좋으면 3개가 표시되기도 합니다.

❹ **화면의 밝기 :** 화면의 밝기를 조절할 수 있으며, 태블릿이 종류에 따라 소리까지 조절되는 것이 표시되기도 합니다.

❺ **더보기 :** 패널의 순서와 배열방식을 변경할 수 있습니다.

🖱 화면 조작 방법

누르기(탭 또는 터치) : 앱을 실행하거나 버튼을 눌러서 선택할 때, 화면에서 자판을 이용해서 글자를 입력할 때 가볍게 눌렀다 떼는 동작입니다.

드래그하기 : 아이콘을 옮기거나 화면이 확대된 상태에서 다른 위치를 보려면 화면을 누른 상태로 끌고 가는 동작입니다.

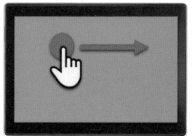

길게 누르기 : 아이콘이나 화면을 1초 이상 누르고 있으면 컨텍스트(정황) 메뉴가 나타납니다. 컴퓨터에서는 마우스 오른쪽단추를 클릭한 것과 동일합니다.

줌 인/아웃 : 사진, 지도, 웹 페이지가 실행된 상태에서 화면을 확대하거나 축소하는 기능입니다.

두 번 누르기 : 사진이나 웹 페이지를 보고 있을 때 확대/축소를 번갈아가면서 작동합니다.(화면에 맞춰보기가 작동할 때도 있습니다)

튕기기 : 앱스 화면에서 손가락을 화면을 누른 상태가 아닌 튕기는 방식으로 화면을 빠르게 스크롤 시킬 수 있습니다. flick 또는 swipe라고 부릅니다.

🖱 화면 캡처하고 자르기

화면 캡처 : 손을 옆으로 세운 후 **화면 오른쪽 끝에 올려놓은 후** 왼쪽으로 드래그하면 화면이 캡처되며, 반대로 왼쪽에서 오른쪽으로 드래그를 해도 캡처가 됩니다. 캡처된 화면은 **갤러리** 앱을 실행한 후 **스크린샷** 앨범에서 확인할 수 있습니다.

다른 방법으로는 **전원 버튼**과 **홈 버튼**을 누르면 캡처가 되며, 홈 버튼이 화면에 있는 모바일 기기라면 **전원 버튼**과 **볼륨아래 버튼**을 누르면 캡처가 되며, 역시 갤러리 앱을 실행해서 스크린샷 앨범에서 확인할 수 있습니다.

■ 알고 갑시다

손으로 밀어서 캡처가 안되면 환경설정-유용한 기능(제어)에 들어가서 손으로 밀어서 캡처(손바닥모션)을 켜면 사용할 수 있습니다.

01 Play 스토어 앱을 실행한 후 첫 화면을 캡처합니다.

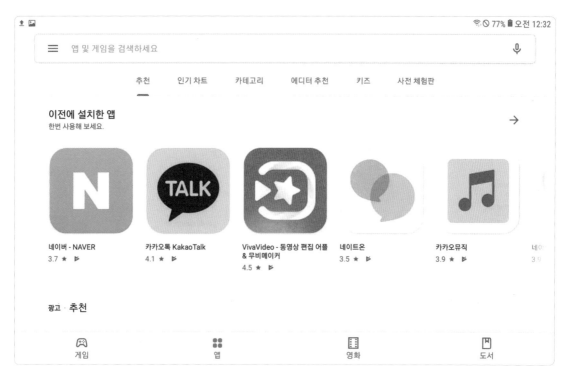

02 계산기 앱을 실행한 후 가로로 돌려서 캡처해보고 세로로 돌려서 캡처해보세요.

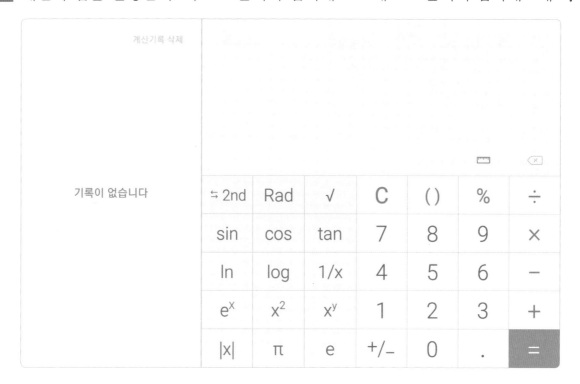

🖱 네이버 설치하기

01 Play 스토어에서 "**네이버**"를 검색한 후 **설치**를 누르고, 설치가 끝나면 **열기**를 누릅니다.

02 네이버가 열리면서 안내창이 나오면 좌측하단의 **건너뛰기**를 누른 후 하단의 **네이버 시작하기**를 누릅니다.

 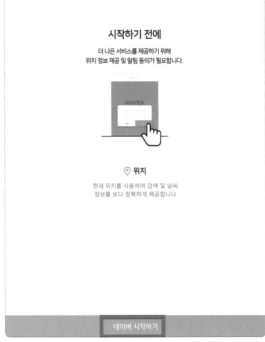

03 위치정보 사용에 **동의** 버튼을 누른 후 **허용**을 누릅니다.

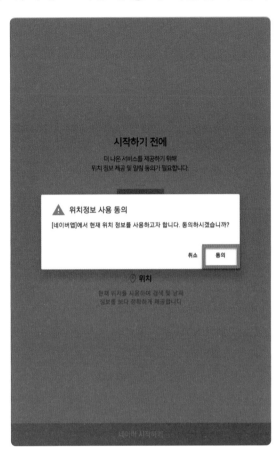
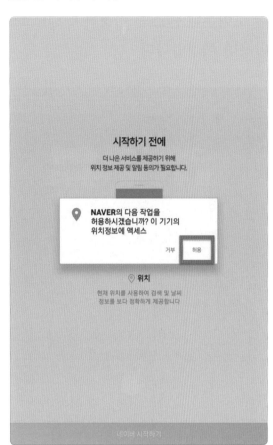

04 네이버 첫 소개페이지에서 **창닫기**를 누른 후 네이버의 **그린닷**을 터치합니다.

05 그린닷의 사용법을 알려주는 창이 나오면 상단의 **닫기**를 누르면 다양한 기능의 앱들이 보이는데 **렌즈**를 이용해서 QR코드를 인식하거나 바코드를 인식해서 정보검색에 활용할 예정입니다.

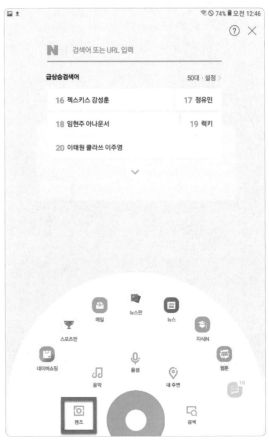

🖱 시험에 필요한 앱 모아두기

01 홈 화면을 길게 누른 후 +가 보이도록 왼쪽으로 드래그합니다.

02 + 버튼을 눌러서 화면을 추가한 후 빈 화면을 터치합니다.

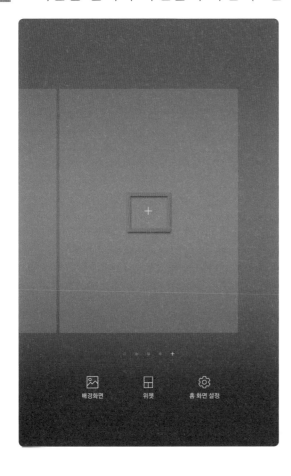

03 화면을 위로 드래그하거나 화면하단의 **앱스** 버튼을 누른 후 **갤러리**를 길게 눌러서
홈에 꺼내줍니다.

04 동일한 방법으로 아래와 같은 앱을 홈 화면에 만들어둡니다.

인터넷 검색하기

인터넷 브라우저 사용하기 ▶▶▶

01 홈 화면에서 **인터넷**을 탭하여 실행합니다.

02 브라우저의 첫 화면이 구글이 나오게 되는데 다른 웹페이지가 열릴 수도 있습니다.

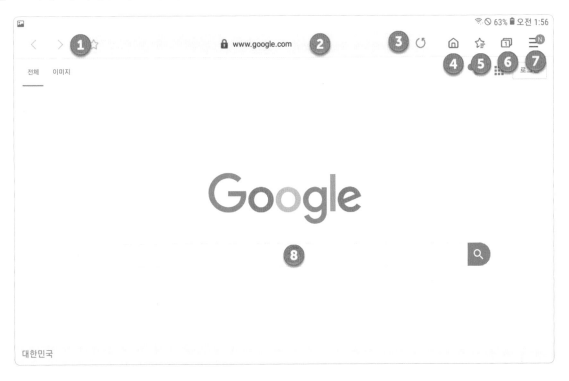

❶ 이전화면과 다음 화면으로 이동하는 버튼입니다.

❷ 웹 사이트 주소를 입력하여 이동할 수 있습니다.

❸ 현재 웹페이지를 새로 읽어오는 새로고침 버튼입니다.

❹ 시작 페이지로 이동합니다.

❺ 북마크(즐겨찾기) 화면으로 보여 줍니다.

❻ 지금까지 열려있는 창을 보여줍니다.

❼ 브라우저의 메뉴로 부가기능이 모여 있습니다.

❽ 검색할 내용을 입력하는 검색상자입니다.

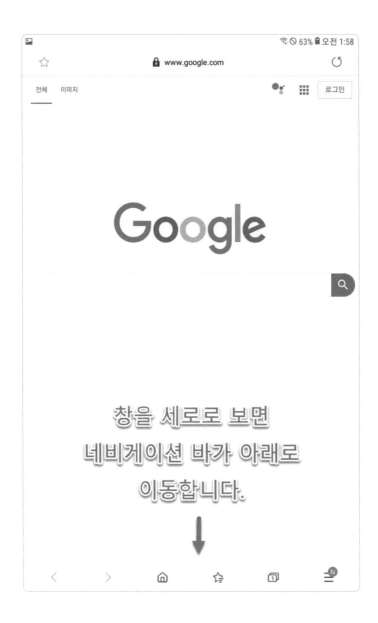

03 모바일 기기를 가로방향으로 한 후 작업을 한 것이므로 세로화면으로 할 때는 같은 버튼을 찾아 누르면 됩니다. 시작 페이지를 변경하기 위해 우측 상단의 **메뉴**를 누릅니다.

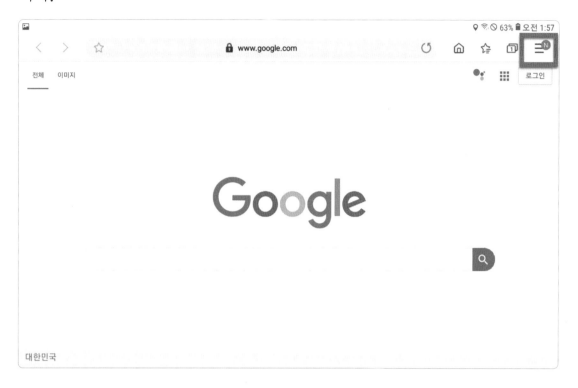

04 메뉴를 누르면 브라우저에서 사용할 기능들이 나오는데 여기서 **설정**을 누릅니다.

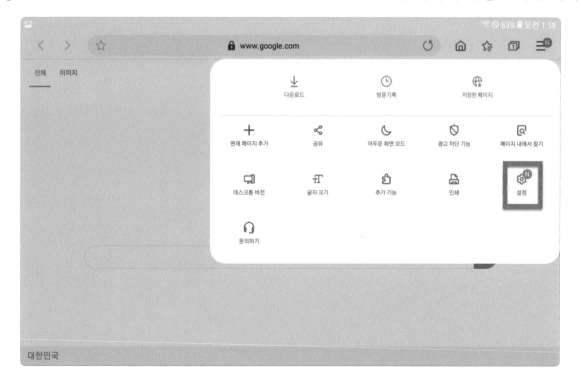

05 일반 그룹에 있는 **홈페이지**를 눌러서 변경합니다.

06 홈페이지를 정할 수 있는 4개 항목이 있는데 기본페이지는 출고될 때의 상태이고, 사용자가 직접 원하는 사이트를 첫 화면으로 열고 싶을 때는 **페이지 직접 설정**을 선택합니다.

07 https://naver.com을 입력한 후 **저장** 버튼을 누릅니다.

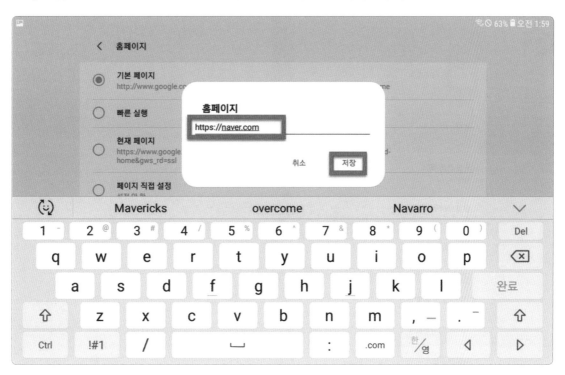

08 화면에서 **뒤로** 버튼을 눌러서 이전 화면으로 되돌아 갑니다. 태블릿의 뒤로 버튼이 있더라도 습관적으로 화면에 보이는 버튼을 눌러 사용하도록 합니다.

09 설정의 첫 화면이 나오면 한 번 더 **뒤로** 버튼을 눌러서 웹 페이지 화면으로 되돌아 갑니다.

10 홈페이지를 설정했지만 아직 구글이 보이는 이유는 창을 닫지 않았기 때문입니다. 상단의 **홈 버튼**을 누르면 변경한 홈페이지가 열리며, 창을 닫은 후 다시 열어도 변경된 홈페이지가 열리게 됩니다.

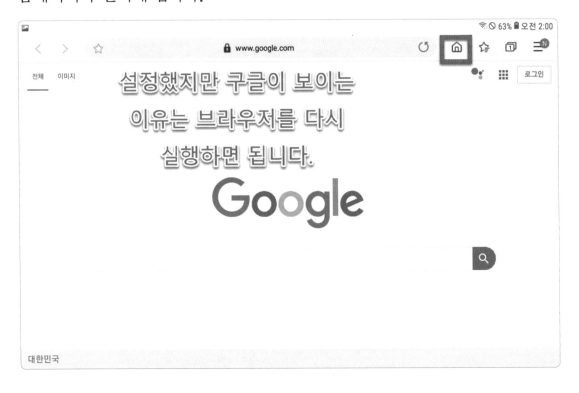

01 **네이버 앱**을 터치해서 실행합니다.

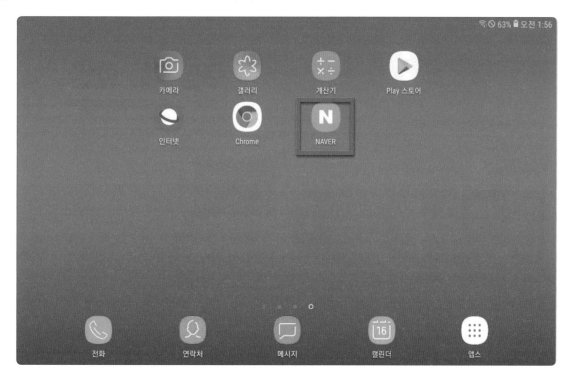

02 네이버의 첫 화면에서 검색을 할 수 있으며, 왼쪽으로 드래그를 하면 뉴스와 콘텐츠를 모두 볼 수 있습니다.

03 상단의 입력상자에 터치한 후 검색어 또는 웹페이지 주소를 입력할 수 있습니다.

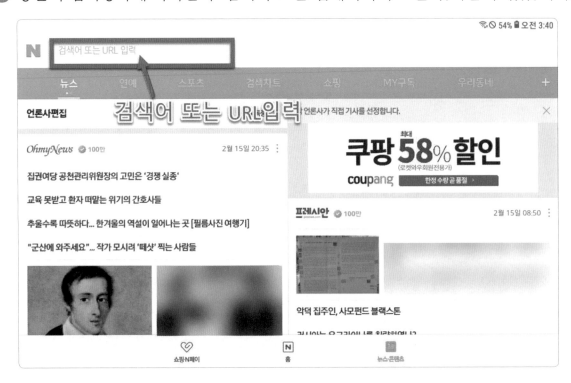

04 검색할 내용은 "**한국정보화진흥원**"을 입력한 후 키보드에 있는 **돋보기(검색)**를 누릅니다.

05 검색된 사이트를 터치해서 이동하도록 합니다.

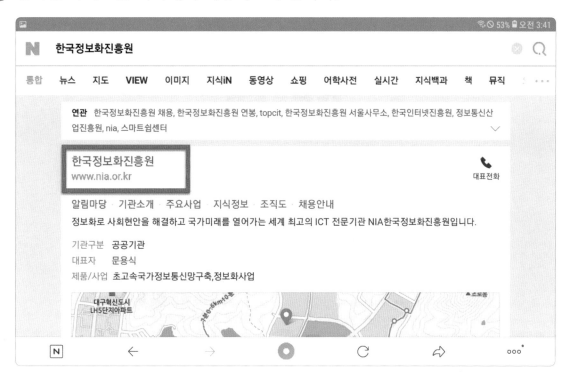

06 사이트가 열리면 필요한 정보를 찾아보면 되는데, 하단의 N 을 누르면 네이버 홈페이지가 열리고 더보기(...) 버튼을 누르면 현재 열린 페이지 또는 브라우저를 설정할 수 있습니다. 더보기(...) 버튼은 네이버 홈에서는 보이지 않고 검색결과 페이지에서만 보입니다.

07 N 을 눌러서 네이버 홈으로 왔으면 좌측 상단의 **메뉴**를 누릅니다.

08 우측 상단의 **설정** 버튼을 누르면 네이버 브라우저를 상세하게 설정할 수 있게 됩니다. 여기서는 기존 네이버로 되돌리기 위한 작업을 해보도록 합니다.

09 네이버앱 버전 설정 그룹에서 **기존 네이버**를 선택한 후 사용할 것인지 물어볼 때 사용한다고 합니다.

10 아래와 같이 기본 네이버 브라우저로 변경되어 익숙한 모습으로 변경 되었습니다. 다시 원래대로 **새로운 네이버**로 변경해 주세요.

01 홈 화면에서 Chrome 아이콘을 터치합니다.

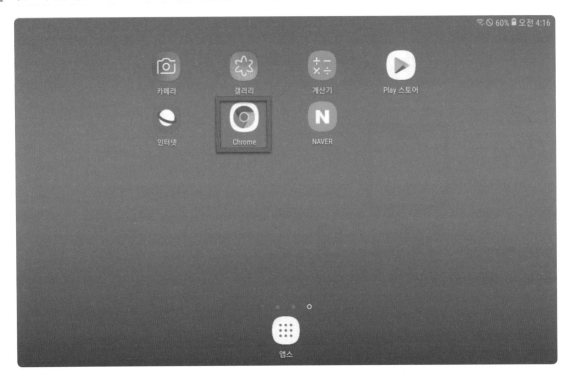

02 우측 상단의 **메뉴(더보기)**를 누릅니다.

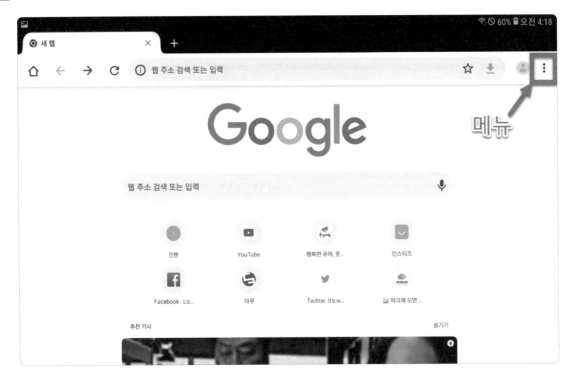

03 크롬 시작페이지를 변경하기 위해 메뉴 아래쪽에서 **설정**을 찾아 누릅니다.

04 설정 화면에서 아래로 이동하면 **홈페이지**를 찾아서 누릅니다. 기본적으로 크롬은 구글로 설정되어 있기는 하지만, 여기서는 네이버로 설정해 보도록 합니다.

🖼 ⏷⊘ 60% 🔋 오전 4:19
←   설정 ❓
비밀번호
결제 수단
주소 및 기타
알림
홈페이지 사용
고급
개인정보 보호
접근성
사이트 설정

05 홈페이지 설정하는 화면에서 페이지 열기를 터치합니다. 만약 비활성화 되어 있으면
바로 위에 있는 사용을 활성화합니다.

06 홈페이지로 사용할 https://naver.com을 입력한 후 **저장**을 눌러서 저장한 후 **뒤로**
를 2회 누릅니다.

07 **홈 버튼**을 누르거나 탭을 닫은 후 다시 **Chrome 아이콘**을 누르면 설정했던 네이버
가 나오게 됩니다.

08 네이버로 변경된 것을 확인했는데, 다시 크롬 브라우저의 홈페이지를 **https://google.com**으로 변경합니다.

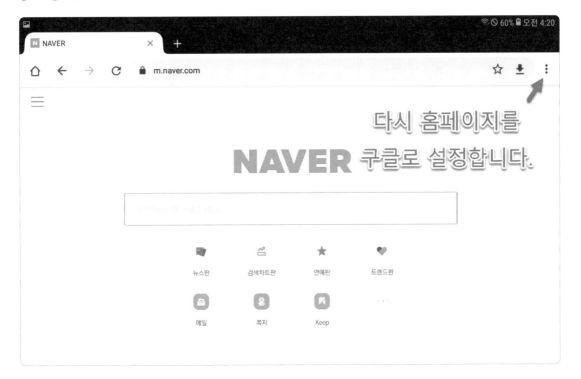

09 크롬 브라우저 우측상단의 메뉴를 눌러서 **데스크톱 사이트**를 체크하면 스마트폰 버전에서도 PC 버전처럼 브라우저를 사용할 수 있습니다.

10 PC 브라우저와 동일한 화면으로 사용할 수 있어서 PC에서 크롬브라우저로 관리해야 할 상황에서 편리하게 사용할 수 있습니다.

01 인터넷 브라우저를 실행합니다.

02 "개인정보포털"을 검색한 후 링크를 클릭해서 사이트를 열어봅니다.

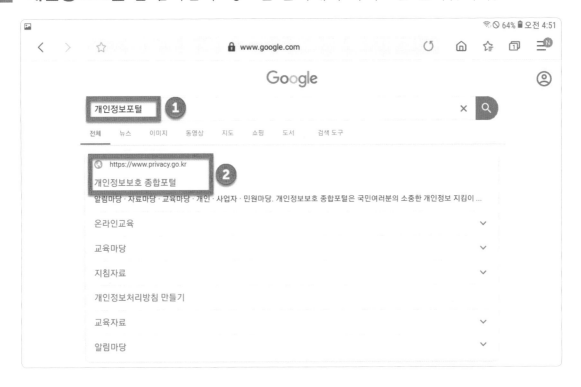

03 브라우저의 메뉴는 모바일 기기가 가로일 때와 세로일 때 위치가 변경됩니다. 상황에 따라 **메뉴**를 찾아서 누릅니다.

04 **페이지 내에서 찾기**를 선택하면 열린 페이지에서 원하는 내용을 다시 검색할 수 있어서 빠릅니다.

05 "**식별**"을 입력하면 1/2로 현 페이지에 2개가 있고 첫 번째를 찾아서 보여준 것입니다. ❸을 누르면 다음을 찾아 표시하게 됩니다.

06 두 번째 "**식별**"을 찾아서 표시해 줍니다. 실제 페이지에 내용이 많아서 찾은 후에도 그 내용이 어디에 있는지 모를 때 유용하게 사용합니다.

07 네이버에서 **"개인정보포털"**을 검색해서 아래의 링크를 터치해서 사이트로 이동합니다.

08 오른쪽 하단의 **...(더보기)**를 터치합니다.

09 페이지내 검색을 누릅니다.

10 "교육"을 입력한 후 3 of 25가 표시되었는데 25개를 찾았고 그 중에 3번째를 보고 있습니다. ∨ 버튼을 눌러서 원하는 내용이 나올 때까지 찾아보면 됩니다.

11 크롬 브라우저에서 **"개인정보포털"**을 입력해서 사이트로 이동한 후 좌측상단의 **메뉴**를 누릅니다.

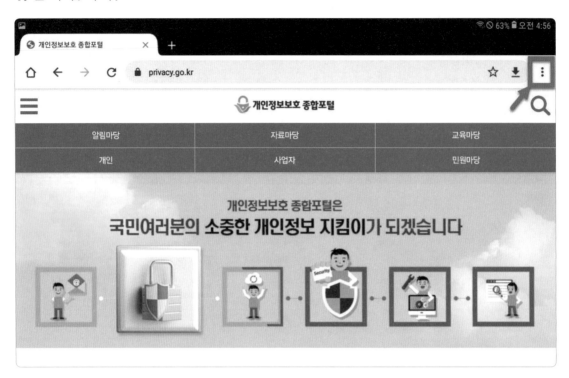

12 **"개인"**을 찾기 위해 입력하면 웹 페이지에 해당하는 곳에 하이라이트로 표시가 됩니다.

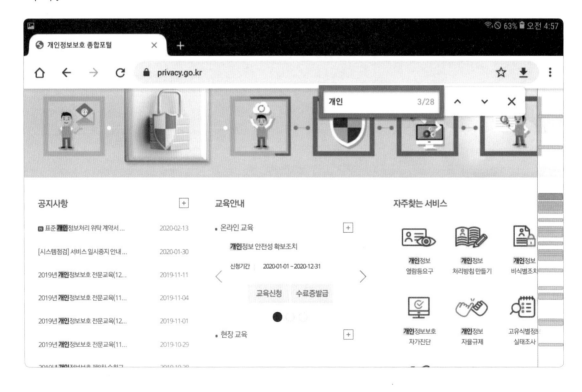

🖱 네이버 앱 QR/바코드

01 네이버 앱을 실행한 후 **그린닷** 버튼을 터치합니다.

02 그린닷의 가장 왼쪽에 있는 **렌즈**를 누릅니다.

03 하단의 **QR/바코드**를 누르면 빠르게 인식이 됩니다. 스마트렌즈 상태에서도 해보세요. 인식이 되면 상단의 검색된 결과를 터치합니다.

04 아래와 같이 검색이 되어 나타나는데 아래의 바코드를 인식하세요.

🖱️ 다음 앱 바코드 인식하기

01 다음 앱을 실행한 후 검색상자에서 **꽃 버튼**을 누릅니다.

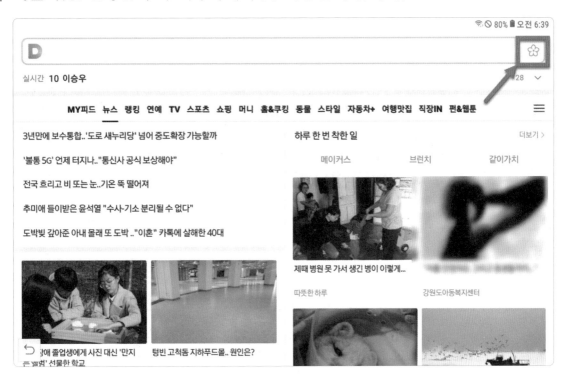

02 마지막에 있는 **코드검색**을 터치하면 카메라 권한을 **허용**하라고 나올 때는 무조건 허용을 누릅니다.

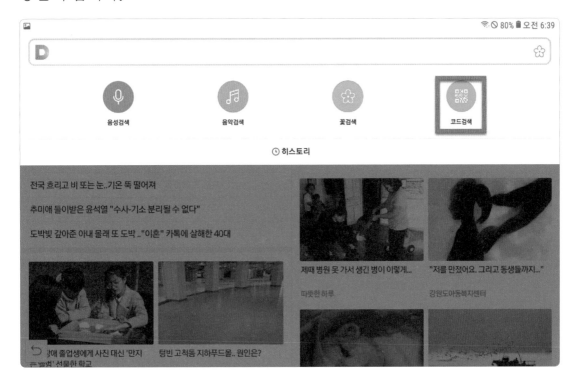

03 다음 앱은 바코드 검색을 도서 검색만 지원하며, 인식이 잘 안될 때는 바코드 입력을 눌러서 찾을 수 있습니다.

04 책을 검색한 웹 페이지가 열립니다.

🖱 바코드로 ISBN 검색하기

> ISBN이 **9791164260072**인 책의 저자가 누구인가?

01 네이버 앱을 실행한 후 **"isbn검색"**을 검색한 후 **국립중앙도서관 서지정보유통지원 시스템**을 누릅니다.

02 상단의 검색상자에 ISBN 넘버를 숫자만 입력한 후 **검색** 버튼을 누릅니다.

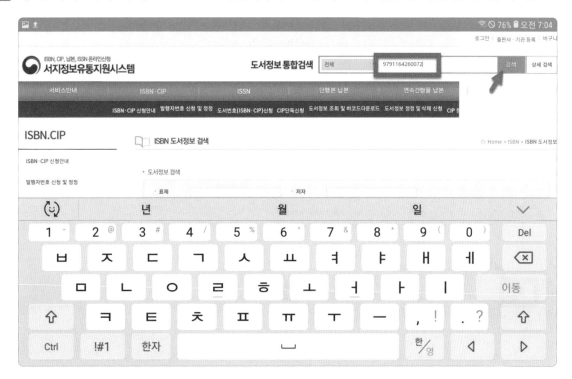

03 해당되는 자료의 검색 결과가 나왔는데 나오지 않는다면 등록이 취소가 되었을 수 있습니다. 상세한 정보를 더 보려면 **제목**을 터치합니다.

04 문제의 정답인 저자는 **오상열**입니다. 정답을 확인했으면 N 을 눌러서 네이버 첫 페이지로 이동합니다.

$$5500 - (300 \times 2 + 400 \times 5 + 100 \div 125)$$

01 사칙연산의 순서를 몰라도 계산기를 이용하면 쉽게 풀 수 있습니다. 홈 화면에서 **계산기** 앱을 실행합니다.

02 아래와 같이 숫자와 연산 기호, 괄호를 순서대로 눌러서 입력합니다.

계산기록 삭제

$$5,500 - (300 \times 2 + 400 \times 5 + 100 \div 125)$$

2,899.2

기록이 없습니다

↹ 2nd	Rad	√	C	( )	%	÷
sin	cos	tan	7	8	9	×
ln	log	1/x	4	5	6	−
e^x	x^2	x^y	1	2	3	+
|x|	π	e	+/−	0	.	=

애플리케이션 다루기

03 계산의 답을 구하기 위해 [=]을 누르면 자동으로 답이 나타납니다.

04 계산 결과를 지우고 다른 계산을 하려면 [C]를 누르거나 **계산기록 삭제**를 누르면 그 동안 계산 결과를 모두 지우게 됩니다.

$$\{8000 - (1000 \times 2 + 5000 \div 2)\} \div 4$$

01 소괄호와 중괄호까지 혼합된 계산식을 작업합니다.

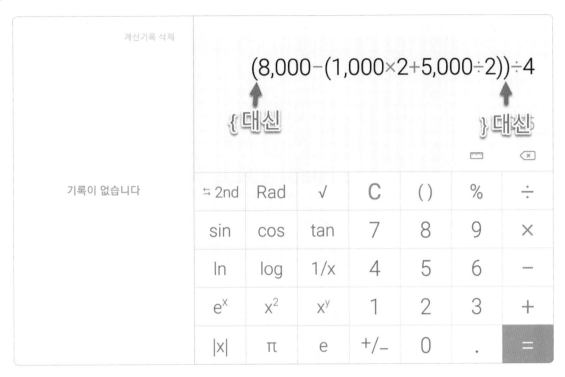

02 계산 결과는 [=]을 누르면 구해지며 답은 **875**가 됩니다.

계산기록 삭제

(8,000-(1,000×2+5,000÷2))÷4
=875

875|

↰ 2nd	Rad	√	C	( )	%	÷
sin	cos	tan	7	8	9	×
ln	log	1/x	4	5	6	−
eˣ	x²	xʸ	1	2	3	+
|x|	π	e	+/−	0	.	=

🖱 ISBN 검색하여 계산하기

01 아래의 바코드를 스캔하여 계산하는 작업을 진행해 봅니다.

{(출간년 * 4) – 출간월} ÷ (출간일–1)

02 네이버 앱을 실행한 후 그린닷을 눌러서 렌즈로 위의 바코드를 인식시킨 후 스캔 결과를 터치합니다.

03 출간일자를 펜으로 기록해 둔 후 계산 작업을 진행합니다.

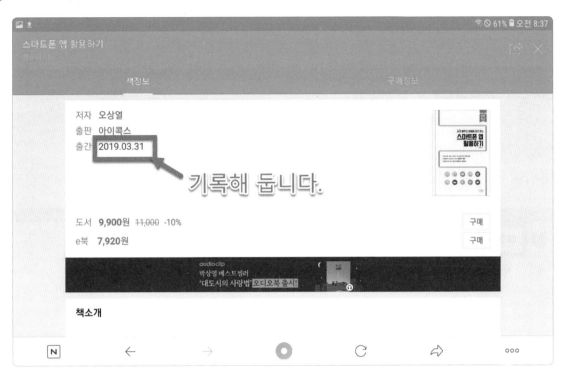

04 계산기를 실행한 후 아래와 같이 계산을 진행하면 답은 269.1이 됩니다.

계산기록 삭제

$$((2{,}019 \times 4) - 3) \div (31 - 1)$$

269.1

기록이 없습니다

⇆ 2nd	Rad	√	C	( )	%	÷
sin	cos	tan	7	8	9	×
ln	log	1/x	4	5	6	−
eˣ	x²	xʸ	1	2	3	+
|x|	π	e	+/−	0	.	=

🖱 검색하여 계산하기

흥복사라는 이름으로 고려시대부터 내려온 고찰이었는데, 크기는 4.9m 높이에, 1.3m 폭으로 1464년 세조(10년)에 창건된 전말을 기록한 비로 보물3호로 지정되었습니다.
(지정연도 − 건립연도) × 지정일자

01 네이버 앱을 실행한 후 "**보물 3호**"를 검색합니다.

02 지정일과 건립연도를 펜으로 잘 기록해서 계산기를 실행한 후 계산작업을 합니다.

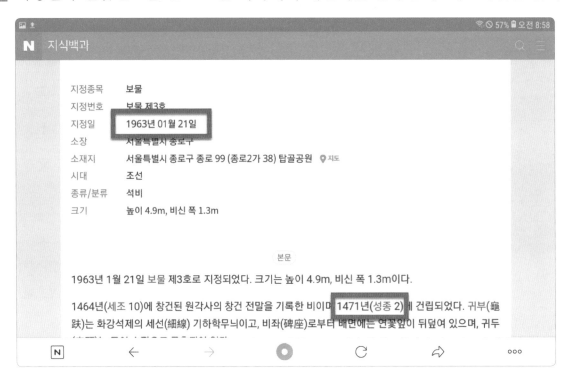

03 지정일이 1963년 1월 21일이고 건립은 1471년 성종2년이라고 검색이 됩니다. (1963 – 1471) × 21을 입력한 후 [=]을 눌러서 계산하여 답을 구합니다.

계산기록 삭제		(1,963-1,471)×21					
						10,332	
기록이 없습니다	↔ 2nd	Rad	√	C	( )	%	÷
	sin	cos	tan	7	8	9	×
	ln	log	1/x	4	5	6	−
	eˣ	x²	xʸ	1	2	3	+
	|x|	π	e	+/−	0	.	=

- 과거에는 단순한 계산기 다루는 문제가 출제되었다면, 2년 전부터는 주어진 정보를 검색한 후 해당 내용을 찾아서 계산하는 문제로 변경되었습니다.

🖱 지도 서비스로 길 찾기

청량리역 5번 출구에서 세종대왕박물관까지 도보로 걸리는 시간은 얼마나 되는지 알아보세요.

01 네이버 앱에서 "**지도**"를 검색한 후 **내위치**를 터치합니다.

02 내위치를 누르면 출발지로 변경되며 "**청량리역 5번 출구**"를 입력한 후 키보드를 아래로 내리면 보이는 정식명칭을 누릅니다.

03 도착지를 터치한 후 **"세종대왕"**을 입력한 후 키보드를 아래로 내린 후 **세종대왕기념관**을 누릅니다.

04 도보를 누르면 약 **19분**이 걸린다고 알려주고 있습니다. 대중교통이나 자동차 같을 경우는 도로상황에 따라 시간이 달라집니다.

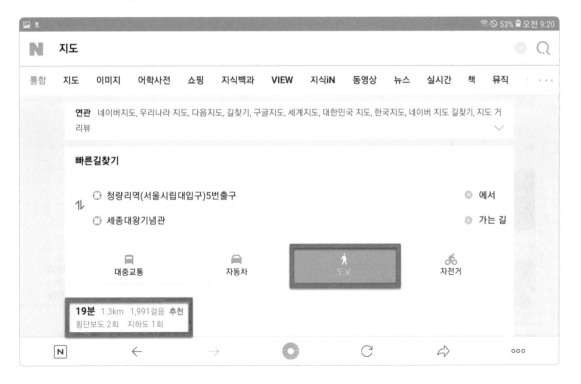

🖱 다음지도로 도보, 자전거 이용하기

길찾기 문제가 도보 또는 자전거로 거리나 시간을 묻는 경우 네이버 앱에서는 도보와 자전거는 지원하지 않으므로 네이버 지도앱을 설치하거나 다음 사이트를 이용해야 합니다.

01 인터넷 앱을 실행하여 "**다음**"을 검색한 후 **Daum**을 터치합니다.

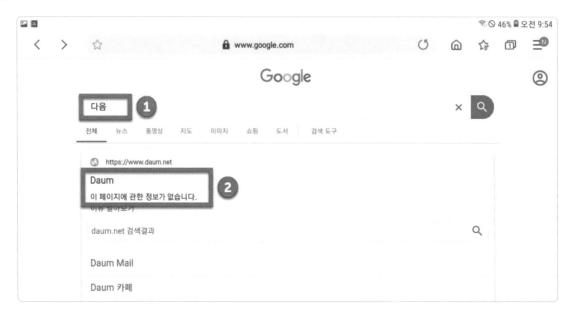

02 다음 사이트의 네비게이션 모음에서 **지도**를 선택합니다.

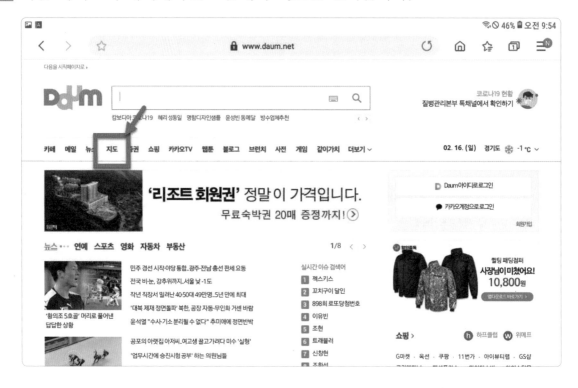

03 지도가 나오면 좌측 상단의 **메뉴** 버튼을 누릅니다.

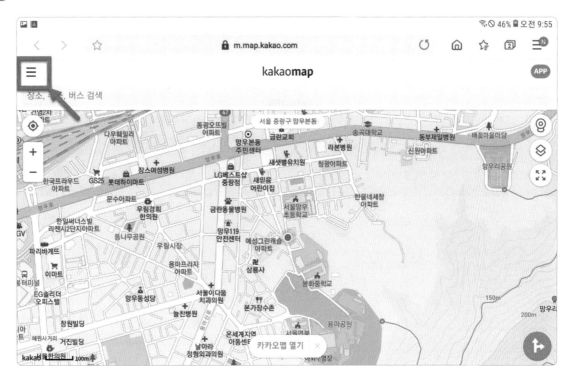

04 **길찾기** 메뉴를 선택해서 출발지와 도착지를 입력하면 네이버에서는 안되는 도보와
자전거도 나타납니다.

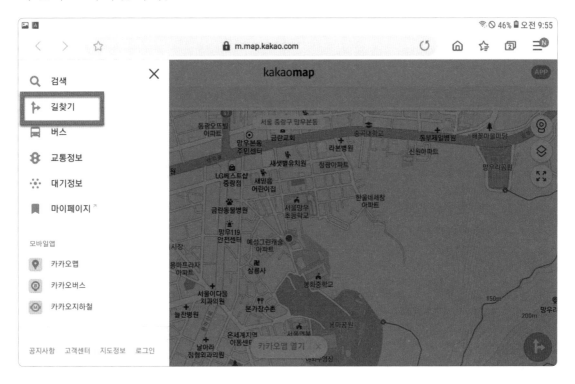

05 출발지는 "**청량리역 1호선 5번출구**"로, 도착지는 "**세종대왕기념관**"으로 입력한 후
검색을 누릅니다.

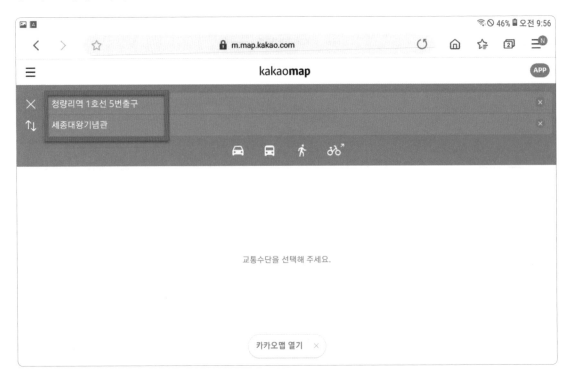

06 **도보** 버튼을 누르면 하단에 가는 길이 나타나면서 **24분**이 걸린다고 나오고 있습
니다.

🖱 현재 위치에서 주변 장소 검색하기

현재 위치에서 가장 싼 GS칼텍스의 휘발유(보통) 가격이 얼마(한국석유공사 인터넷 공시 기준)인지 찾아 보세요.

01 모바일 기기의 알림줄에서 **위치**를 켰는지 확인해야 합니다.

02 네이버 앱을 실행한 후 "**네이버 지도**"를 검색한 후 검색된 링크를 터치합니다.

03 장소, 주소검색을 입력하는 **검색상자**에 터치합니다.

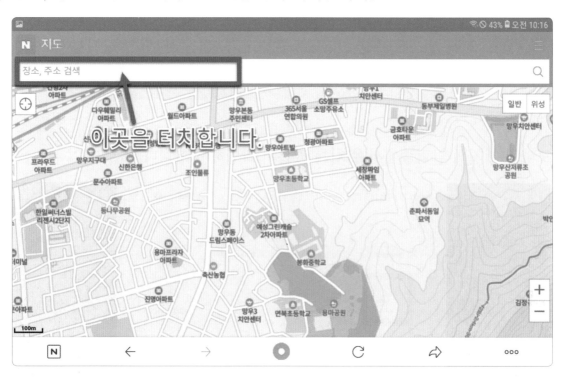

04 검색 창 아래쪽에 자주 찾는 장소별 카테고리로 분류가 되어 있습니다. 여기서 **주유소**를 누르면 되는데 검색했던 것이 가리고 있어서 선택을 할 수 없을 경우 검색했던 목록을 삭제하면 됩니다.

05 현재 모바일 기기가 있는 주변이 주유소가 검색되어 나오면 **유가순**을 터치합니다. 아래의 그림은 위치가 다르기 때문에 책과 다르게 나올 수 있습니다.

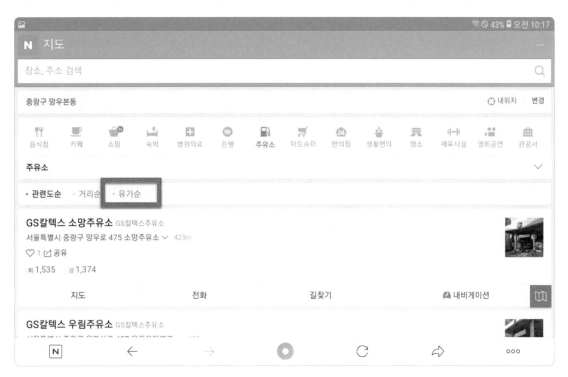

06 유가순으로 일반휘발유 가격이 1,495원이 검색되었는데 시간에 따라 다를 수 있습니다.

🖱 지도 앱으로 검색한 장소 캡처 후 편집하기

지도를 이용해 백석역사거리를 찾은 후 아래의 모양대로 백석역 사거리가 가운데로 위치하도록 캡처합니다.

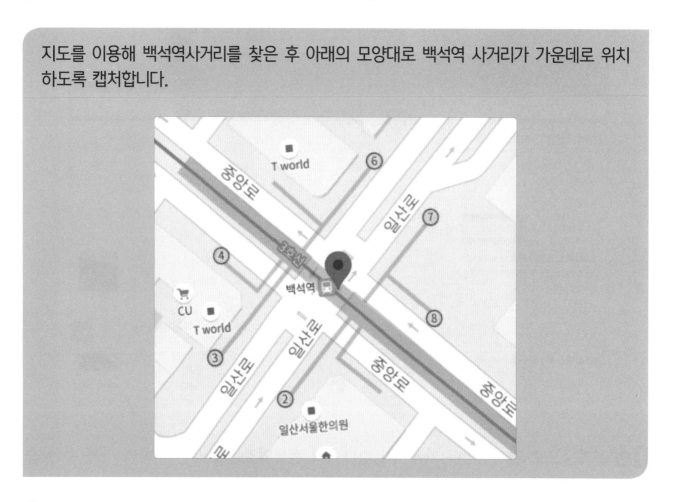

01 여기서는 구글에서 기본으로 제공하는 지도를 이용해서 작업을 하도록 합니다. 지도는 네이버, 다음 앱을 이용해서 검색해도 됩니다.

02 찾는 장소를 입력하면 되는데 여기서는 **"백석역"**을 입력합니다.

03 백석역을 입력하면 아래쪽으로 근처의 유사한 장소가 검색되어 나오면 **백석역사거리**를 터치합니다.

04 캡처해야 할 중심을 가운데로 보이도록 이동해 준 후 손날을 세운 후 화면에 올린 후 캡처를 합니다. 지도에서 이런 방식으로 캡처가 잘 안되면 전원+볼륨아래를 눌러서 캡처를 시도합니다.

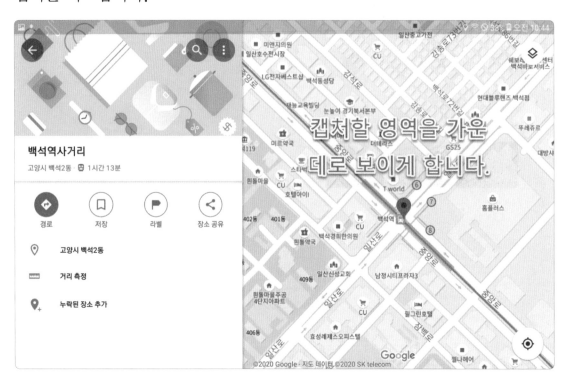

05 갤러리를 눌러서 캡처된 이미지를 확인합니다.

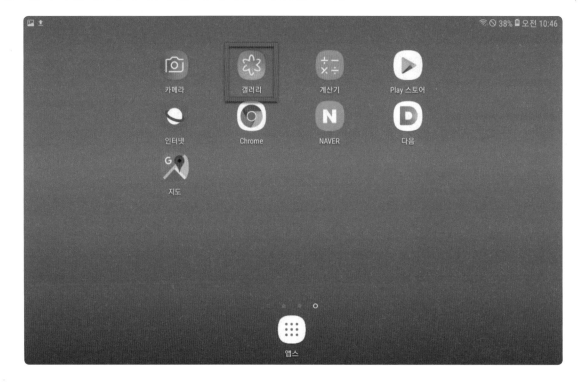

06 화면 하단에 사진을 **자르기(Crop)**하는 도구를 터치합니다.

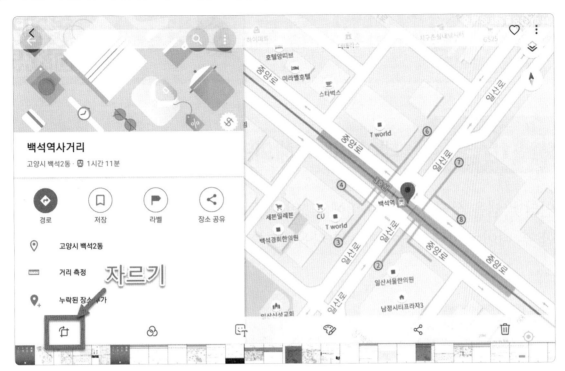

07 자르기할 영역까지 문제를 보고 그대로 자르기를 시도한 후 우측 상단의 **저장**을 눌러서 보관한 후 답안지에 파일을 선택해서 제출하면 됩니다.

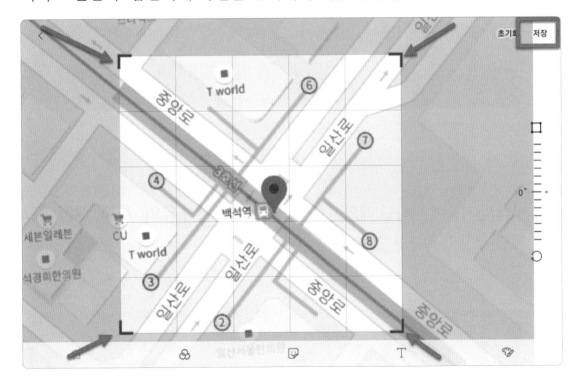

01 인터넷 앱을 실행한 후 네이버에서 **"외교부 해외안전여행"**이라고 입력해서 검색을 한 후 네이버 아래화면에 지도가 나옵니다.

02 화면 아래의 지도에 나타난 해외여행 안전정보화면에서 **유의, 자제, 제한, 금지**를 눌러서 해당 국가의 정보를 볼 수 있습니다.

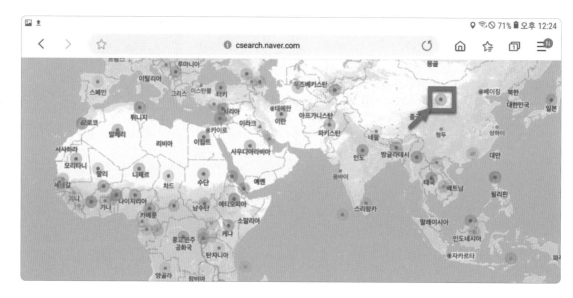

03 중국은 현재 제한과 자제로 나타나고 있습니다. 코로나19 바이러스로 인해서 많이 기피하고 있습니다.

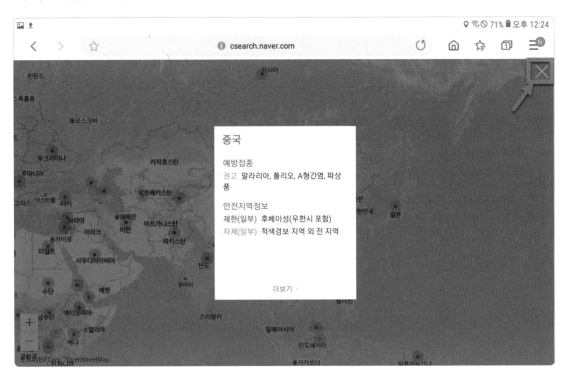

04 일본을 눌러보니깐 제한이 걸려있는데 후쿠시마 원전사고 때문에 그런 것 같습니다.

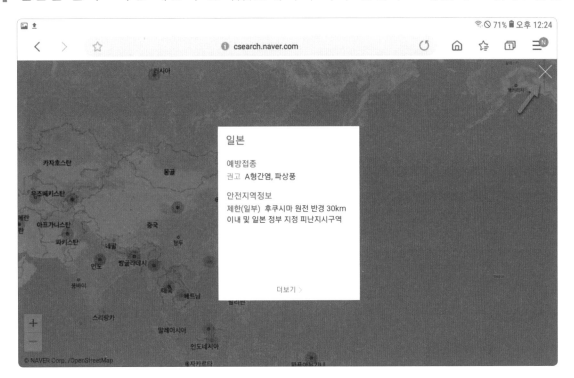

01 검색상자에 해외안전여행을 입력하면 자동으로 사이트가 아래쪽에 표시되는데 http://www.0404.go.kr/을 터치합니다.

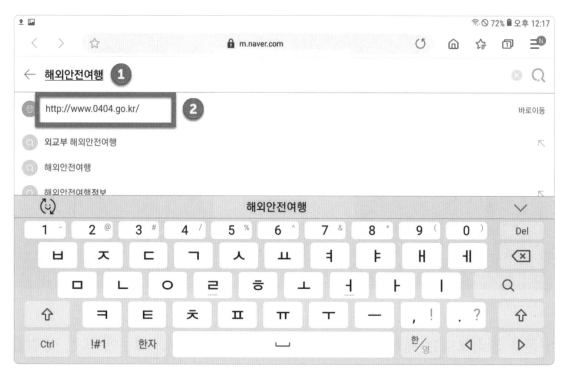

02 좌측 상단의 **메뉴** 버튼을 누릅니다.

03 여행경보제도를 터치하면 **유의, 자제, 제한, 금지**를 알아보기 쉽게 나타내 줍니다.

04 남색경보는 여행유의, 황색경보는 여행자제, 적색경보는 여행제한, 흑색경보는 여행 금지를 나타냅니다. 여기서는 황색경보 버튼을 터치합니다.

05 선택한 황색경보가 황색으로 표시가 되었는데 화면을 위로 올리면 아래에 해당국가가 보이게 됩니다.

06 다양한 나라의 도시가 여행자제로 알려주고 있는데 상세한 것은 검색을 통해서 알아보면 나옵니다.

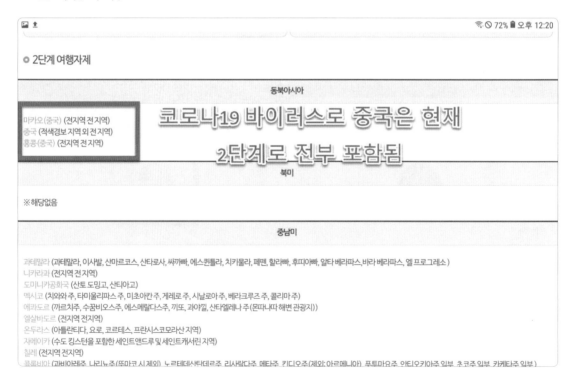

01 비자 서비스는 모바일에서 확인할 수 없기 때문에 애초에 PC버전으로 보도록 좌측 상단의 **메뉴**를 누릅니다.

02 영사서비스/비자 그룹에서 **비자**를 선택합니다.

03 비자(사증)서비스 등 다양한 것은 **PC버전 홈페이지 참조**를 눌러서 확인해야 합니다.

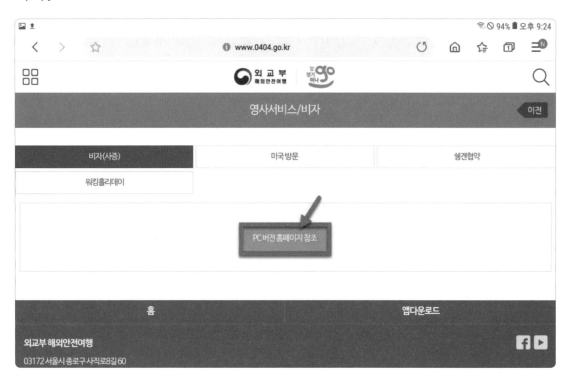

04 우리나라 사람이 무사증입국이 가능한 국가를 살펴보려면 화면을 위로 드래그해서 아래쪽을 보면 나옵니다.

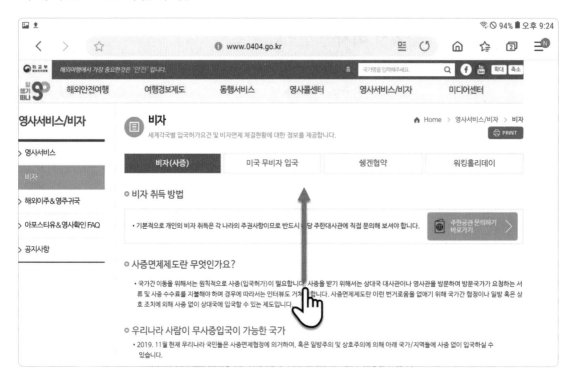

05 일반여권 소지자가 몇 일간 유효한지 아래처럼 확인하면 되며, 안되는 나라도 있습니다.

우리나라 사람이 무사증입국이 가능한 국가
- 2019. 11월 현재 우리나라 국민들은 사증면제협정에 의거하여, 혹은 일방주의 및 상호주의에 의해 아래 국가/지역들에 사증 없이 입국하실 수 있습니다.
- 소지하신 여권의 종류(일반여권, 관용여권, 외교관여권)에 따라 무사증 입국 가능 여부가 다름을 알려드립니다.
- 사증(비자) 취득은 해당 국가의 주권사항이므로 반드시 해당 주한대사관을 통해 문의를 해보셔야 합니다.

(2019. 11. 현재)

지역	국가	우리 국민 무사증입국 가능 여부 및 기간			무사증 입국 근거	비고
		일반여권 소지자	관용여권 소지자	외교관여권 소지자		
	대만	90일	90일	90일	상호주의	여권 유효기간 6개월 이상 필수
	동티모르	X	무기한	무기한	일방적 면제	
	라오스	30일	90일	90일	일방적 면제/협정	
	마카오	90일	90일	90일	상호주의	단수여권 및 여행증명서 소지자는 사증필요 -입국허가(도착사증) 신청 시 100마카오 달러

06 화면을 아래로 더 이동하다 보면 일반여권 소지한 외국인이 대한민국에 무사증입국이 가능한 국가/지역과 기간이 나와 있습니다.

[외국인용] 우리나라에 무사증입국이 가능한 국가/지역 (외국인(일반여권 소지자)이 우리나라 방문시))

구분	국가/지역		
아주지역 (8개)	대만(90일/상호주의)	브루나이(30일/상호주의)	일본(90일/상호주의)
	마카오(90일/상호주의)	싱가포르(90일/협정)	홍콩(90일/상호주의)
	말레이시아(90일/협정)	태국(90일/협정)	
미주지역 (32개)	가이아나(30일/상호주의)	브라질(90일/협정)	온두라스(30일/상호주의)
	과테말라(90일/협정)	세인트루시아(90일/협정	우루과이(90일/협정)
	그레나다(90일/협정)	세인트빈센트그레나딘 (90일/협정)	자메이카(90일/협정)
	니카라과(90일/협정)		칠레(90일/협정)
	도미니카(공)(90일/협정)	세인트키츠네비스(90일/협정)	캐나다(6개월/상호주의)
	도미니카(연)(90일/협정)	수리남(90일/협정)	코스타리카(90일/협정)
	멕시코(90일/협정)	아르헨티나(30일/상호주의)	콜롬비아(90일/협정)
	미국(90일/상호주의)	아이티(90일/협정)	트리니다드토바고(90일/협정)

🖱 용어찾기

> 나카모토 사토시가 2007년 글로벌 금융위기 사태를 통해 중앙집권화된 금융시스템의 위험성을 인지하고 개인 간 거래가 가능한 이 기술을 고안했습니다. 이후 2009년 사토시는 이 기술을 적용해 암호화폐인 비트코인을 개발했습니다. 이 기술을 무엇이라고 할까요?

용어나 사전적 의미를 찾을 때에는 구글 보다는 **네이버**가 빠르게 찾을 수 있으며, 네이버에서 먼저 검색을 시도한 후 찾기 힘들 때는 구글을 사용해 보는 것이 현명합니다.

01 인터넷 앱을 실행한 후 **네이버**에 접속한 후, 검색상자에 "**나카모토사토시 암호화폐 기술**"을 입력해서 검색을 합니다.

02 아래와 같이 검색결과가 나오는데 살펴보면 블록체인 기술, 블록체인이란 기반 기술 등이 보이고 있습니다.

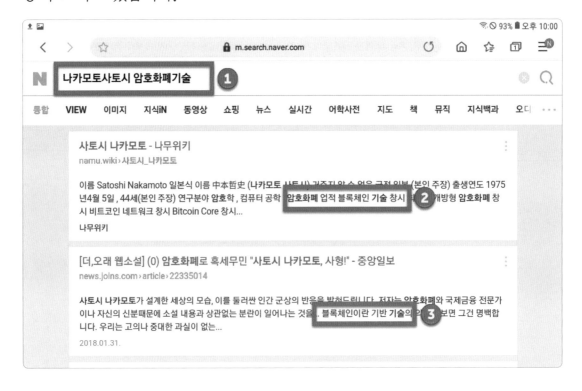

03 해당하는 **"블록체인기술"**을 다시 네이버에서 검색을 해서 확인해 보는 것이 좋습니다.

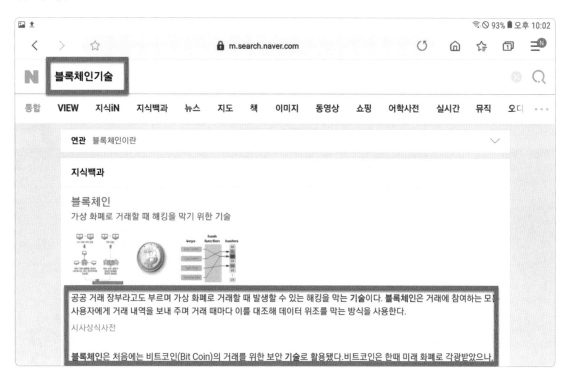

04 구글에서 **"나카모토사토시 암호화폐기술"**을 입력해서 검색한 결과를 보여주는데 오히려 구글에서 곧 바로 답을 보여주는 경우도 있으므로 네이버에서 보이지 않으면 구글에서 동일한 검색을 합니다.

🖱 기상청에 관한 검색하기

01 **지난 날씨**를 정확하게 검색하기 위해 기상청에서 PC버전으로 검색해야 하므로 기상청 사이트 상단의 **메뉴**를 누릅니다.

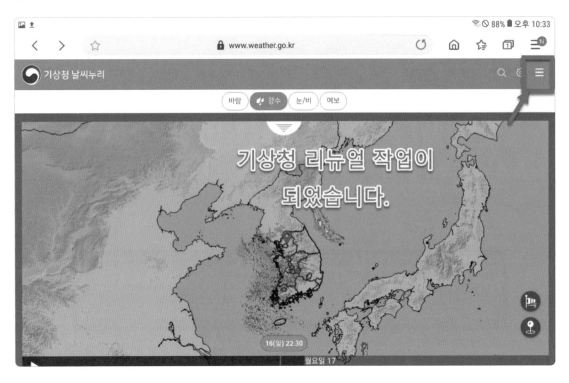

02 날씨누리가 리뉴얼 작업이 이뤄져서 **(구)날씨누리**를 눌러야 **지난날씨**를 확인할 수 있습니다.

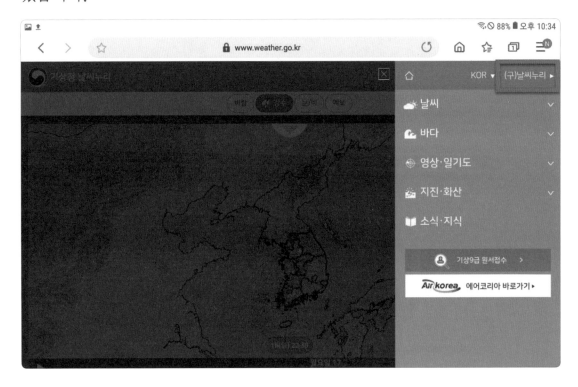

03 지난날씨는 PC버전에서만 나오므로 페이지의 가장 아래로 이동한 후 **PC버전 바로 가기**를 누릅니다.

04 다시 페이지가 새로 열리면 가장 아래로 이동해서 **지난날씨** 링크를 터치합니다.

05 서울 유인관서에서 2020년 1월 6일의 날씨를 알아보려면 아래와 같이 정한 후 마지막에 있는 **선택**을 누릅니다.

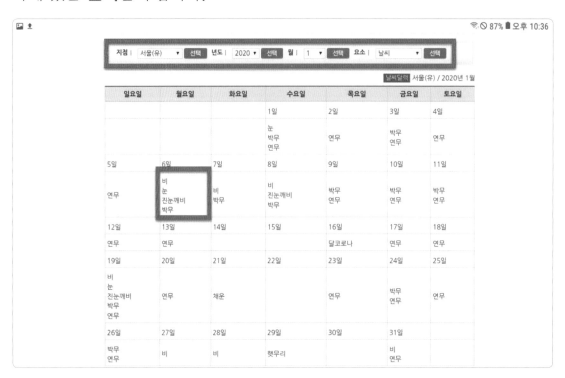

06 최대기온/최저기온 등을 찾기 위해 관측자료 상단에서 **요소별자료**를 선택합니다.

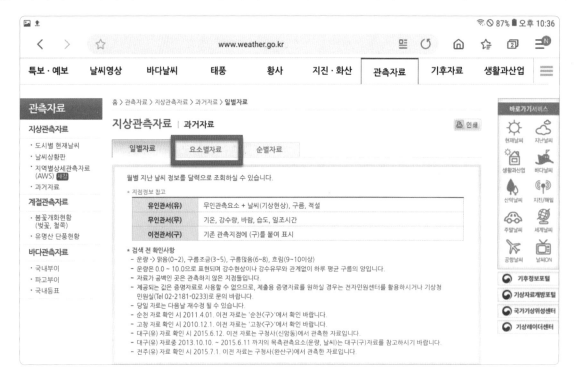

07 서울(유)에서 2019년 9월의 최고기온이 몇 도인지 찾아내기 위해서 아래를 지점, 년도, 요소를 변경합니다.

08 2019년 9월 최고기온은 **14일**에 **30.5도**입니다. **(네이버로 2018년 하지에 해당하는 양력을 찾아서 최고기온이 몇 도인지 찾아보세요)**

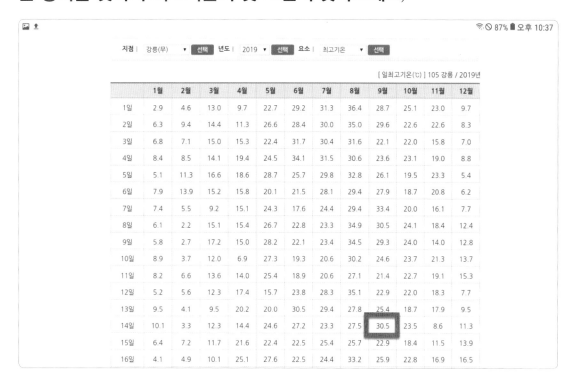

서귀포시 버스 정류장 번호가 **406000343**인 곳에 정차하는 보목포구에 도착하는 버스번호는 몇 번입니까?

01 인터넷에서 "**제주버스정보시스템**" 사이트를 열어준 후 **정류장검색**을 터치합니다.

02 정류장 번호를 입력한 후 이동을 누릅니다.

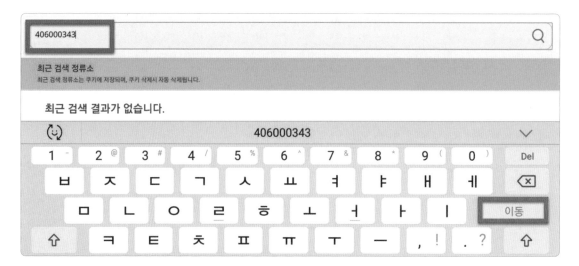

03 제주시가 먼저 보이기 때문에 결과가 없다고 나오는데 **서귀포시**를 누른 후 **칼호텔[서]**를 터치합니다.

04 도착예정이 먼저 열리는데 노선이 운영 중이지 않는 시간에는 정보가 없다고 나옵니다. **경유노선**을 누르면 운영 중인 노선번호가 모두 표시가 됩니다.

01 네이버에서 "**축산물이력제**"를 검색한 후 사이트 링크를 터치합니다.

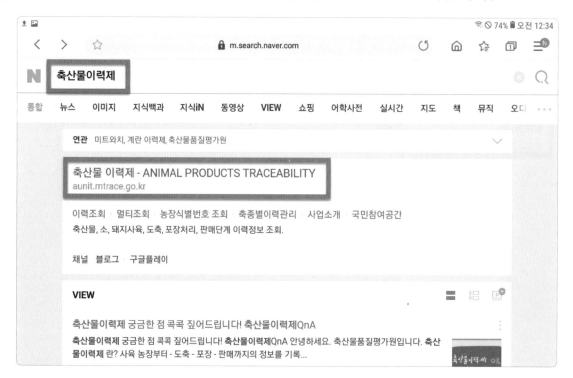

02 12자리의 이력번호를 띄어쓰기 없이 그대로 입력하면 되는데 화면이 작아서 확대를 하는 것이 좋습니다.

03 "0021391159017" 12자리의 숫자를 입력한 후 이동 버튼을 누르거나 검색버튼을 누릅니다. 현재 이력번호가 검색이 안되면 마트에서 사진으로 찍어둔 이력번호를 입력해보세요.

04 이력시스템에 개체정보가 다양하게 나오는데 여기서 원하는 것을 선택하여 계산문제에 사용될 수도 있습니다.

01 "한국도로공사" 사이트를 열어준 후 **통행요금**을 누릅니다.

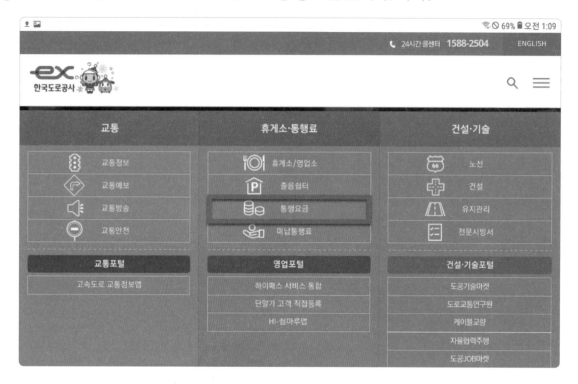

02 출발 톨게이트는 "**서종**"이고 도착 톨게이트는 "**양양**"으로 해서 **요금조회**를 누릅니다.

03 차종에 따라 합계금액을 선택하면 되는데, 실수로 서종–동산까지만 계산하지 않아야 합니다.

04 문제에서 차종분류기준으로 낼 수도 적용차량(예시)로 낼 수도 있기 때문에 잘 보고 차종을 찾아야합니다.

차종	차종분류기준	적용차량(예시)
1종(소형차)	2축 차량, 윤폭 279.4mm 이하	승용차, 소형승합차, 소형화물차
2종(중형차)	2축 차량, 윤폭 279.4mm초과, 윤거 1,800mm 이하	중형승합차, 중형화물차
3종(대형차)	2축 차량, 윤폭 279.4mm초과, 윤거 1,800mm 초과	대형승합차, 2축 대형화물차
4종(대형화물차)	3축 대형화물차	
5종(특수화물차)	4축 이상 특수화물차	
1종(경형자동차)	배기량 1000cc 미만으로 길이3.6m, 너비1.6m, 높이2.0m 이하	

※ 차종구분은 차종분류기준(축수, 윤폭, 윤거)에 의하며, 적용차량은 차량별 제원 등에 따라 달라질 수 있음

01 **다낭**에서 출발하여 **2020년 2월 15일 오전09시부터 오전10시** 사이에 인천공항
에 도착한 여객기 승객의 **입국장수하물수취대**는 몇 번인지 검색하기 위해 인천공
항 사이트로 이동한 후 좌측상단의 **메뉴**를 눌러서 **도착**을 누른 후 **도착시간**을 입
력합니다.

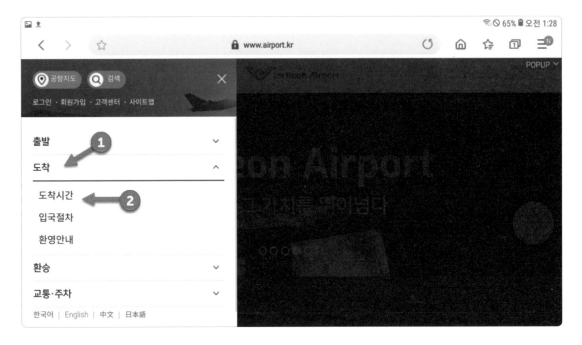

02 도착하는 **날짜**와 시간대를 입력한 후 출발지를 **다낭**으로 선택한 후 **검색**을 누릅니다.

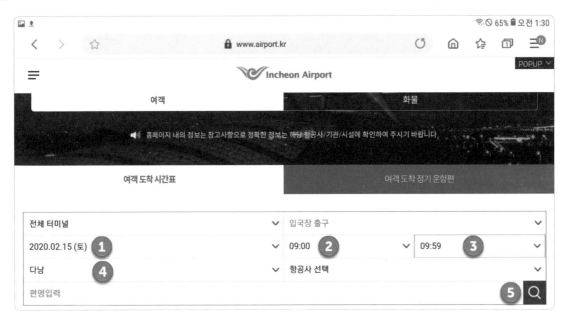

04 아래쪽으로 검색결과를 보면 티웨이항공이 보이게 되는데 **자세히보기**를 누릅니다. (날짜와 시간을 때에 따라 변경해서 검색)

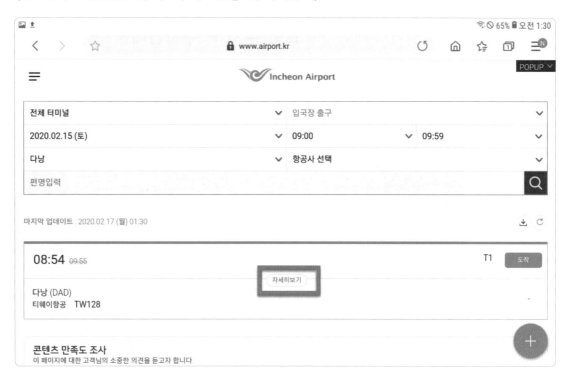

05 **수하물수취대는** 9로 나온 것을 찾았으며, 입국장출구는 B, 도착게이트는 110을 찾 았습니다.

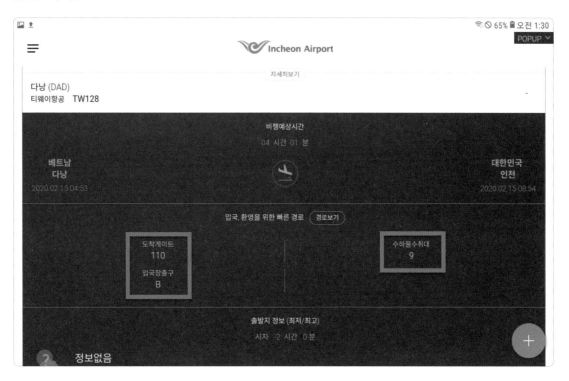

01 김포공항 사이트를 열어서 메뉴에서 **교통/주차 ▶ 주차안내**를 누릅니다.

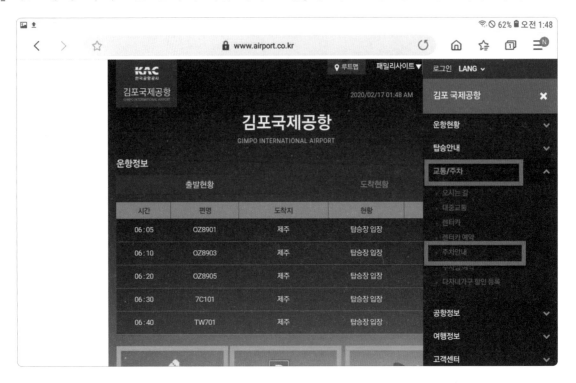

02 **입차일시**와 **출차일시**를 선택한 후 **요금조회**를 누릅니다. (**인천공항도 주차요금을** 검색해 보세요)

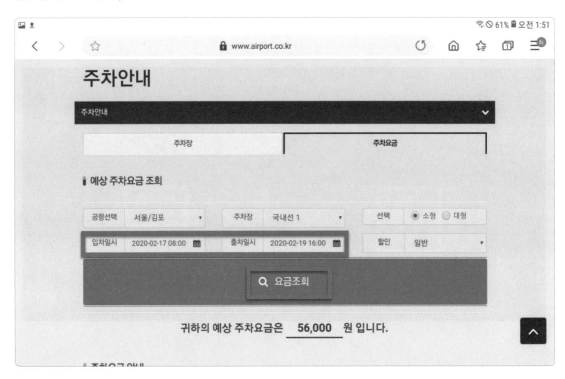

01 정보검색을 하는 기본자세

원하는 검색 결과를 찾기가 힘들더라도 포기하지 않는 자세가 무엇보다 중요합니다. 시간이 오래 걸리더라도 한 문제씩 차근차근 도전해 보세요. 검색 결과를 찾아내는 과정에서 정답이 표시되지 않는 사이트를 방문했다 하더라도, 그러한 행동은 본인의 검색 능력을 향상시켜 줍니다. 가장 자신이 있는 검색엔진을 완벽하게 이해하고 사용할 수 있어야 하며, 정보검색 문제를 많이 풀려는 자세가 기본적으로 되어 있어야 합니다.

02 정보검색 실기를 위해 갖추어야 할 능력

문제 파악능력(키워드)을 잘 찾아내는 것이 중요하며, 문제에 따라서 검색엔진의 선택능력 또한 무시할 수 없습니다. 예를 들면 시사적인 문제는 네이버의 뉴스검색을 이용하는 것입니다. 많은 서핑 경험! 실패는 성공의 어머니? 무조건 한번 부딪쳐 보는 것이 좋습니다.

03 정보검색 실전요령

정보검색을 하면 같은 내용이지만 다른 답이 있는 것 들이 있는데 그럴 때 가능하다면 공인된 기관의 검색결과가 답입니다. **"페이지 내에서 찾기"**를 이용하면 시간이 없는 정보검색 문제에서 아주 유용한 방법이 될 것입니다.

키워드가 없을 경우에는 디렉토리 검색엔진에서 주제를 좁혀나가면서 찾는 것도 하나의 방법입니다. 특정한 인물에 대한 것은 예외는 있지만 주제별 검색엔진에서 찾는 것이 빠릅니다. 예를 들면 외국 영화배우를 찾는다고 하면 네이버에서 **영화 ▶ 배우** 이런 식으로 찾는 것도 좋습니다.

🖱 구글로 검색하기

아래는 간단히 활용할 수 있는 기본적인 검색 방법입니다.

01 검색어는 매우 간단한 단어를 사용 (예 : 강남 커피숍)

02 웹 사이트에서 친숙한 단어를 사용 (예 : 머리가 아파요 대신 의학계에서 사용하는 단어인 "두통")

03 사소한 것에 신경쓰지 않기 (철자, 대문자, 구두점 → 이러한 것들은 Google이 자동수정)

🖱 구글 검색연산자 활용

검색 연산자는 검색 단어를 바탕으로 추가적인 정보를 줍니다. (예 : 특정 단어를 특정 웹 사이트에서만 검색)

❶ 따옴표("") 연산자

따옴표("") 연산자는 따옴표에 묶여있는 단어 또는 문장을 반드시 포함하여 검색합니다.

검색어	"아담스미스 국부론"
결 과	따옴표를 붙여 검색하면 아담스미스 국부론이라는 제시어에 초점을 맞추어 검색하지만, 따옴표를 붙이지 않고 검색하면 아담스미스, 국부론 따로 살짝 흩어진 검색 결과를 표시합니다.

❷ 대시(−) 연산자

대시(−) 연산자는 대시 연산자 뒤에 들어가는 단어를 포함하는 모든 검색결과를 제외하여 검색합니다.

검색어	아담스미스 −국부론
결 과	아담스미스의 국부론이 아닌 아담스미스라는 사람을 검색하되 국부론은 빠진 검색결과만 표시합니다.

❸ 사이트(Site:) 연산자

사이트(Site:) 연산자는 특정 웹 사이트에 있는 정보 위주로 검색합니다.

검색어	다음 Site:www.naver.com
결 과	네이버 사이트에서 다음과 관련된 검색결과를 위주로 표시합니다.

❹ 링크(Link:) 연산자

링크(Link:) 연산자는 특정 웹 사이트로 연결되는 페이지만 찾을 수 있습니다.

검색어	Link:Google.com
결 과	구글로 연결되는 검색결과를 표시합니다.

❺ 연관(Related:) 연산자

연관(Related:) 연산자는 이미 알고 있는 웹 사이트 주소와 유사한 웹 사이트를 검색합니다.

검색어	L Related:www.naver.com
결 과	네이버와 관련된 다른 웹 사이트를 검색합니다.

❻ 빈칸 채우기(*) 연산자

빈칸 채우기(*) 연산자는 * 부분을 채워서 검색결과를 표시해줍니다.

검색어	아인슈타인 * 이론
결 과	아인슈타인의 무슨무슨 이론을 검색합니다

❼ OR 연산자

OR 연산자는 여러 단어 중 하나만 포함하는 웹 사이트를 검색합니다.

검색어	미국 OR 영국
결 과	미국 또는 영국이 포함된 검색결과를 표시합니다.

❽ Filetype 연산자

특정 확장자의 파일들을 표시합니다.

검색어	XX 통계청 자료 Filetype:PDF
결 과	XX 통계청 자료 중 PDF 확장자 파일만 검색합니다.

❾ 유의어 (~) 연산자

검색어 앞에 물결표시(~)를 입력하면 검색어와 유의한 의미를 가진 자료를 보여줍니다.

❿ 숫자의 범위 지정

검색할 숫자 사이에 마침표 두개를 입력하여 검색하면 숫자 범위 내의 검색 결과를 보여줍니다. 단순 숫자 뿐 아니라 단위도 가능합니다.

검색어	2010년..2014년 선물
결 과	2010년~2014년과 선물이 포함된 검색어를 보여줍니다.

⓫ 빠른 답변 확인

Google 검색은 날씨, 사전, 계산, 단위 변환, 스포츠에 대한 빠른 결과를 표시합니다.

- **날씨** : 날씨 도시 이름을 검색하면 해당 도시의 날씨를 표시합니다. (날씨 서울)
- **사전** : 단어 앞에 Define을 입력하면 해당 단어의 사전 의미를 표시합니다. (Define 바이러스)
- **계산** : 수학 방정식을 입력하면 해당 방정식의 답을 표시합니다. (6-9)
- **단위 변환** : 측정값과 속도와 같은 단위 변환을 입력하면 변환한 결과를 표시합니다. (1 달러/유로화)
- **스포츠** : 경기 일정, 점수를 보려는 팀 이름을 검색하세요. (수원 삼성 블루윙즈)
- **요약 정보** : 유명인사, 장소, 영화, 노래를 검색하면 요약 정보를 표시합니다.

01 '바다의 물결' 이라는 의미와 '바다와 함께' 라는 의미를 내포, 바다를 통해 국민의 꿈과 행복을 실현해 줄 바다의 요정인 해양수산부 캐릭터를 이미지를 캡처하시오.

02 성불평등지수(Gender Inequality Index)는 UNDP가 2010년부터 각 국의 성불평등성을 측정하기 위하여 새로 도입한 지수로, 기존 여성관련 지수로 발표하던 여성권한 척도(GEM)와 남녀평등지수(GDI)를 대체한 지표이다. e-나라지표에서 2018년 우리나라의 성불평등지수(점수)를 검색하시오.

03 조선시대의 천문학자들이 실제 관측활동을 통하여 얻은 사실을 구체적으로 기록하였으며 관상감에 행해지는 측후의 과정 및 참여인원의 규모 등을 알 수 있는 자료로 서울시 유형문화재로 지정되어 있다. 이 자료의 이름을 검색하시오.

04 '등불을 가까이 하기에 좋다'라는 뜻으로, 밤에 등불을 켜고 글을 읽던 시절에 생긴 말로 흔히 가을이 독서하기 좋은 계절이므로 독서를 권장함을 이르는 말의 사자성어를 검색하시오.

05 아무렇게나 되는대로 만들어 품질이 낮은 물건을 의미하는 우리말을검색하시오.

06 대부분의 은행에서는 안전한 금융거래를 위하여 윈도우 기반의 익스플로러의 플러그인(plug-in)기술인 액티브X 컨트롤러를 바탕으로 하는 인터넷뱅킹 서비스를 해왔다. 스마트폰과 태블릿PC가 등장하면서 특정한 운영체제나 웹브라우저에 관계없이 이용할 수 있는 열린 금융을 위한 서비스라고 불리기도 하는 인터넷뱅킹 서비스를 의미하는 용어를 검색하시오.

07 사람과 동물이 함께 보고 즐기는 축제의 장, 제7회 순천만세계동물영화제가 2019년 8월 22일부터 26일까지 5일간 정원박람회의 도시 순천에서 열렸다. 이번 영화제의 개막작 제목을 검색하시오.

08 UN은 2019년 대한민국 문재인 대통령의 제안에 따라 대기오염에 대한 경각심을 높이고 청정대기를 위해 국제적으로 협력하자는 뜻에서 한국의 제안 첫 기념일취지의 기념일을 지정하였다. 이 기념일의 명칭과 날짜(월일)를 검색하시오.

09 2018년 10월 29일부터 11월 16일까지 총 3주간 아랍에미리트연합(UAE) 두바이에서 개최된 정보통신기술(ICT) 올림픽인 '국제전기통신연합(ITU) 전권회의'의 공식 로고는 ITU가 제안한 현대성, 글로벌 지향성, 혁신성, 단순성 및 행사의 정체성 등을 잘 나타낼 수 있도록 제작됐다. ITU 전권회의 사이트를 이용하여 로고 이미지를 검색한 후 캡처하시오.

10 웹페이지에 올라와 있는 정보나 관련 주제를 디렉토리로 나누는 것이 아니라 태그(Tag)에 따라 구분하는 웹 2.0 시대의 새로운 분류 체계를 의미하는 용어로, 민중, 대중을 뜻하는 'folks'와 분류학을 뜻하는 'taxonomy'라는 두 단어를 합쳐서 만든 말은 무엇인지 검색하시오.

11 제주기상청의 기록에 따르면 2019년 강수량은 9월의 총강수량이 610.6mm였는데 제주기상청에서 관측한 9월 최고의 일강수량(단위 : mm)을 검색하시오.

12 여러 가지의 사물이 비슷한 것이 많으나 서로 같지는 않음' 또는 '어떤 일이 분수에 맞지 않거나 정도에 넘침'을 이르는 말의 사자성어를 한자로 검색하시오.

13 염치가 없이 막된 사람을 지칭하는 용어로 김유정의 단편소설의 제목이기도 하다. 이런 사람을 지칭하는 우리말을 검색하시오.

14 이슬람교도인 무슬림이 먹고 쓸 수 있는 제품을 총칭하는 말로 아랍어로 '허용된 것'이라는 뜻이다. 이것의 용어를 검색하시오.

15 조선시대 선비 김계온이 금강산을 유람한 후 화원을 시켜 단원 김홍도의 그림을 본떠 그린 오헌와 유록을 다시 본떠 그린 와유첩이 높은 경매가로 낙찰되었다. 원본이 된 단원 김홍도의 그림 이름을 검색하시오.

16 제15회 제주영화제가 2019년 11월 2일부터 30일까지 29일간 제주시에서 열리며 부분 경쟁을 도입한 비경쟁 독립영화제로 진행된다. 이번 영화제의 개막작제목을 검색하시오.

17 2008년 알제리에서 열린 제12차 정부우표인쇄책임자협의회 우표품평회에서 2007년 우리나라에서 제조한 '우표취미주간 특별우표' 가 특이우표 부문에서 최우수상을 수상하였다. 이미지를 검색하여 캡처하시오.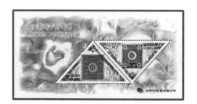

18 전달하려는 기밀 정보를 이미지 파일이나 MP3 파일 등에 암호화해 숨기는 심층 암호 기술로 이미지 파일이나 MP3 파일에 비행기 좌석 배치도나 운행 시간표 등의 정보를 암호화해 전달할 수 있다. 이 기술은 무엇인지 검색하시오.

19 표준지공시지가란 국토교통부장관이 대한민국 전국의 개별토지 중 지가대표성 등이 있는 토지를 선정 · 조사하여 평가 · 공시하는 것으로서 매년 1월 1일 기준 표준지의 단위면적당 가격(원/m2)을 말한다. 아래 주소의 2019년 표준지공시지가(단위 : 원)를 검색하시오(숫자).

> 세종특별자치시 어진동 632 (세종도서관 서측 인근)

20 김홍도의 타작도에서 농민이 일을 하는 동안에 농민들을 바라보며 담배를 피우고 있는 인물로, 조선 후기부터 일제강점기에 걸쳐 지주의 대리인으로서 농장이나 소작지를 관리했던 사람이다. 소작농민으로부터 소작료를 징수 · 보관했다가 상납하는 일이 주임무였던 사람을 무엇이라고 했는지 검색하시오.

21 충남 보령의 '성주산자연휴양림'은 이것의 숲으로 이루어져 피톤치드효과가 뛰어나다고 한다. 이것은 무엇인지 검색하시오.

22 국민연금공단에서는 사회보험(4대 보험)을 간편하게 계산할 수 있는 계산기를 제공하고 있다. 사업장 가입자인 근로자 신고소득월액이 2,560,000원일 경우 국민연금 근로자부담금은 얼마(단위 : 원)인지 구하시오.

23 전력 수요관리를 위한 전력 경보는 예비 전력의 구간에 따라 5단계로 나뉘며 예비전력 구간이400만kw 이상일 경우 1단계인 준비로 분류되고, 2단계는 관심 단계로 분류된다. 전력사정이 더 악화되었을 경우 주의, 경계, 심각 단계로 나뉘게 된다. 경계 단계의 예비전력 구간(단위 : 만kw)을 검색하시오.

24 전주시는 '한바탕 전주'에 전주시의 지역적 특성인 '흥'에서 분출되는 역동성을 담아낸 후 '비빈다'는 끝맺음말로 '어울림'의 이미지를 창출하는 도시 브랜드 이미지를 사용하고 있다. 전주시 도시 브랜드 이미지를 검색하여 캡처하시오.

25 웹서비스 업체들이 제공하는 각종 콘텐츠와 서비스를 융합하여 새로운 웹서비스를 만들어내는 것으로 이 서비스로 가장 유명한 것은 구글 지도와 부동산 정보 사이트인 크레이그 리스트를 결합시킨 하우징 맵 사이트이다. 이것이 무엇인지 검색하시오.

26 북한의 에너지 공급은 수력과 화력 발전에 의존하고 있으며 그 중 수력의 의존 비율이 높다. 통계청(국가통계포털–북한통계)에서 2011년 북한의 수력 발전 전력량(단위 : 억kWh)을 검색하시오.

27 정부 및 공공기관이 필요한 물자의 구매와 주요시설공사계약에 관한사무를 관장하는 대한민국 행정기관의 이름을 검색하시오.

28 2019년 국제수지 중 서비스 수지가 적자를 기록했는데, 상표와 특허권 등 지적재산권 분야도 적자를 기록하였다. 2019년 지적재산권 등 사용료 수지(단위 : 달러)를 검색하시오.

29 행정안전부에서 지정한 정보화 마을의 이름을 검색하시오.

> 월출산 동남쪽 아래에 위치한 용정마을은 황금 한약초를 재배하여 닭을 기르고 있는 농촌체험형 마을로 주요 작물은 탐라이스, 황금초, 방울토마토 등이다.

30 소셜미디어를 사용할 때 특정 주제와 관련 있는 게시물이나 사진 등을 표시함으로써 서로의 의견을 편하게 나누고 검색할 수 있는 기능으로, 예를 들어 영화 관련 게시물일 경우 '#영화'라고 입력하고, 음악 관련 게시물일 경우 '#음악'을 검색해 관련한 글을 모아볼 수 있다. 이와 같이 특정 단어에 대한 글임을 표시하는 기능의 이름을 검색하시오.

31 2016년 차바와 2018년 콩레이에 이어 이례적으로 10월에 대한민국을 내습한 태풍으로 경기도 북부 지역에 아프리카 돼지 열병이 퍼지면서 간신히 전염을 막고 있는데, 한반도를 타격할 경우 이 전염병이 크게 확산할 가능성이 있기 때문이다. 2019년 10월 2일 여수기상대에서 측정한 일강수량(단위 : mm)을 검색하시오..

32 '마음에 충동을 받아도 동요하지 않고 천연스러움' 이라는 뜻으로, 심리적으로 충격을 받을 만한 상황인데도 전혀 태도의 변화가 없이 평소 그대로임을 이르는 말의 사자성어를 한자로 검색하시오.

33 과일에서 주로 발견되는 약한 유기산으로 자연적인 보존제와 음식에 신맛을 첨가하기 위해 쓴다. 환경 친화적인 청소제로 쓰이며, 커피포트의 굳은 석회질을 녹이는 데도 쓰이는 이것은 무엇인지 검색하시오.

34 조선시대에 한약재 수집의 효율성을 위한 국책사업의 일환으로 경상감영 내 객사 주변에서 처음 열리기 시작해서 1년에 두 번 열렸다. 이곳의 이름을 검색하시오.

35 오존경보제 시행기간인 5월부터 9월까지는 오존의 농도가 높으므로 실외에서의 과격한 운동경기를 자제하여야 한다. 오존경보제의 내용 중 경보단계일 경우의 발령기준(단위 : ppm)을 검색하시오.

36 제7회 시민청영화제는 서울시민들이 보다 가까이 보다 편안하게 무료로 영화를 즐길수 있는 새로운 상영문화를 창조하기 위하여 시작된 문화공헌영화제로 2019년 10월 25일(금)부터 27일(일)까지 서울시청 시민청, 신촌파랑고래에서 열렸습니다. 제7회 시민청영화제의 주제는 무엇인지 검색하시오.

37 6.25전쟁 70주년 해에 평화를 주제로 대내외적으로 우리 군의 자랑스러운 위상을 널리 확산시켜 평화통일의 기반을 확대하고, 군문화산업을 신성장 동력산업으로 육성하고 방위 산업의 해외시장 개척을 위한 노력으로 국가경제 발전에 기여하는 계기가 될 이 대회의 마스코트를 검색하여 캡처하시오.

38 이 기술은 기존의 인터넷 접속, 무선망을 수용하고 유비쿼터스 이더넷 기술을 사용하는 10Gbps 이상의 광역 통신망으로 확대된 도시권 통신망을 위한 고속 이더넷이다. 고신뢰성 망을 가입자망이나 백본망에 적용할 수 있도록 개발된 새로운 이더넷 기술을 뜻하는 용어를 검색하시오.

39 대한민국의 중요무형문화재 제13호로 지정되어 있는 강릉 단오제가 2005년 유네스코가 지정하는 세계무형유산인 '인류구전 및 무형유산걸작'에 선정되었다. 단오(端午)는 한국 명절의 하나로 모내기를 끝내고 풍년을 기원하는 기풍제이기도 하다. 2019년 단오에 강릉유인관측소에서 관측한 강릉의 최고기온(℃)을 검색하시오.

40 채무자가 채무의 변제가 있을 때까지 채무자로부터 받은 담보물을 점유 또는 유치하고, 채무의 변제가 없는 경우에는 다른 채권자에 우선하여 변제를 받는 권리를 무엇이라 하는지 검색하시오.

41 전자상거래에서 구매자와 판매자의 사이에 신뢰할 수 있는 중립적인 제3자가 개입하여 구매자의 결제대금을 예치하고 있다가 상품배송이 완료된 후 그 대금을 판매자에게 지급하는 거래안전장치를 무엇이라 하는지 검색하시오.

42 '조선왕릉'은 우리나라의 유교적인 문화 전통이 확고하게 드러나는 문화유산으로 전체 42기 가운데 북한에 있는 2기를 제외하고 우리나라에 있는 40기 모두가 세계문화유산에 등재되었다. 조선왕릉 중 중종왕비(단경왕후)의 능호를 검색하시오.

43 타이베이(성산)에서 김포공항까지의 항공편이 매일 7회 운항되고 있다. 2019년 12월 16일(화) 첫 항공편의 도착시간(단위 : ○○시○○분)을 검색하시오.

44 주어진 2차원이나 3차원 공간에 선이나 형상을 배치하기 위해 일련의 명령어들이나 수학적 표현을 통해 디지털 이미지를 만드는 기법이다. 이 이미지 파일에는 선을 그리기 위해 연결될 일련의 점의 위치가 들어 있어 비트맵으로 표현된 이미지 파일보다 파일 크기가 작아지는 결과를 가져온 다. 이것을 무엇이라 하는지 검색하시오.

45 기상청에서 지진/지진해일 통보문을 찾아 2020년 2월 3일 인천 옹진군 백령도 남남동쪽 22km 해역에서 일어난 지진의 규모를 검색하시오.

46 탄소 원자를 결합한 화합물이며 탄소 원자들이 각각 sp2 결합으로 연결된 원자 하나 두께의 2차원 구조로, 벤젠 형태의 탄소 고리가 벌집 형태의 결정 구조를 이룬다. 기초 전자소재를 대체하는 신소재로 사용되고 있는 이 물질의 이름을 검색하시오.

47 판소리 창자(唱者)가 한 대목의 소리에서 다른 대목으로 넘어가기 전에 일정한 장단이 없이 평상시처럼 이야기를 엮어가는 행위를 무엇이라 하는지 검색하시오.

48 바다미술제는 부산비엔날레의 한 파트로 진행되었으나 2011년부터 비엔날레가 열리지 않는 해에는 별도로 진행된다. 다대포해수욕장에서 9월에 열리는 2019년 바다미술제의 주제를 검색하시오.

49 2020년 KBO 경기일정이 발표되었는데 5월 5일에는 5경기가 열리는데 잠실경기의 홈팀-원정팀의 이름을 검색하시오.

50 특정인을 목표로 개인정보를 훔치는 피싱공격을 일컫는 용어로, 특정인이 보유한 정보를 빼가는 것이 목적이라고 한다. 물속에 있는 물고기를 작살로 잡는 '작살 낚시'를 빗댄 이 용어는 무엇인지 검색하시오.

51 매년 지속적으로 증가했던 내·외국인 출입국자가 감소하였으나 2010년 이후 국내 경기회복 및 외국인 관광객 유치를 적극 지원하여 다시 증가하고 있다. 통계청 e-나라지표에서 출입국자 현황을 찾아 2018년 출국자가 몇 명(단위 : 천명)인지 검색하시오.

52 조선시대 세종, 문종, 단종, 세조 시절에 활약한 어의 전순의가 지은 요리책이자 농업책으로, 현존하는 요리책 중에서 가장 오래되었다. 이 책의 이름을 검색하시오.

53 조선왕릉'은 우리나라의 유교적인 문화 전통이 확고하게 드러나는 문화유산으로 전체 42기 가운데 북한에 있는 2기를 제외하고 우리나라에 있는 40기 모두가 세계문화유산에 등재되었다. 조선왕릉 중 단종왕비(정순왕후)의 능호를 검색하시오.

54 2019년 세계서예전북비엔날레는 동방의 전통철학을 구성하는 대표 명제인 '도(道)'와 기(氣)를 중추로 서예가 추구하고 나아가야 할 방향성을 제시하며, 근원적 본질의 순수성을 상기시키기 위해 주제를 선정했다. 2019년 세계서예전북비엔날레의 주제어를 검색하시오.

55 정부가 2012년 12월 10여 년간 축적한 공간정보를 기반으로 구축한 오픈 플랫폼을 지칭한 것으로 제공하는 공간정보에 지도 데이터 뿐 아니라 건물이나 지역 정보도 포함되어 있기 때문에 기능 면에서 구글맵보다 우수하다는 평가를 받고 있다. 이것이 무엇인지 검색하시오.

56 국내 황사의 최대 발원지는 중국 내몽고 고원으로 과거에는 3,4월에 주로 발생했지만 이젠 가을에도 황사에 안심할 수준을 넘어서고 있다. 기상청 관측 기준으로 2019년 10월 인천에서의 황사관측일수를 검색하시오.

57 민영환, 김득련, 윤치호 세 사람이 태평양, 대서양을 건너 시베리아 바이칼호수까지 11개국을 일주하고 남긴 기행문 이름을 검색하시오.

58 외환보유액이란 교환성이 있고 유동성과 시장성이 높은 자산으로 통화 당국인 중앙은행과 정부가 언제든지 사용할 수 있는 대외 외화 금융자산을 의미한다. 우리나라의 2019년 말 기준 외환보유액(단위 : 달러)을 검색하시오.

59 주한프랑스문화원(Institut Francais)은 모든 문화에 개방적이며, 산업과 과학 분야에서도 창조적인 특성을 지닌 프랑스 문화를 더욱 잘 전달할 수 있는 공간으로 누구나 영화를 관람하거나 프로그램에 참여할 수 있다. 서울에 있는 주한프랑스문화원의 도로명 주소를 검색하시오.

60 인터넷에서 자료검색이나 서핑을 할 때 최초의 검색 목적을 잊어버리고, 다른 링크로 옮겨 다니다가 길을 잃고 헤매는 현상으로 인터넷의 특성인 어느 쪽과도 연결이 가능한 링크 기능 때문에 발생한다. 이 현상이 무엇인지 검색하시오.

61 응용 소프트웨어 개발자는 기업이나 개인 등이 사용할 수 있는 워드프로세서, 회계관리, 데이터베이스, 통계처리, 문서결재 프로그램 등 각종 소프트웨어를 개발하고 컴퓨터시스템의 사용 환경에 따라 소프트웨어의 환경을 변경하는 자를 말한다. 통계청 또는 통계분류 홈페이지에서 응용소프트웨어 개발자의 통계분류상 분류코드(세분류)를 검색하시오.

62 조선 정조 때 사주당 이씨가 지은 책으로 "뱃 속 열 달이 출생 후 10년의 가르침보다 더 중요하다"라고 하며 태교의 중요성을 강조하고 있다. 이 책의 이름을 검색하시오.

63 우리 선박의 해상 안전보장을 위해 2019년 12월 27일 부산 남구 해군작전사 부산작전기지에서 출항해 아덴만 해역으로 파병된 청해부대 임무교대를 한 이후 2020년 7월까지 파병임무를 수행하게 되는 청해부대 함정의 이름을 검색하시오.

64 국민연금공단에서는 사회보험(4대 보험)을 간편하게 계산할 수 있는 계산기를 제공하고 있다. 사업장 가입자인 근로자 신고소득월액이 1,832,000원일 경우 국민연금 근로자부담금은 얼마(단위:원)인지 구하시오.

65 이동 통신망이 없는 사업자가 기존 통신 사업자로부터 망의 일부를 구입해 각종 부가 이동통신 서비스를 제공하는 사업자를 지칭하는 용어로, 단일 사용자 부류를 대상으로 서비스를 제공하는 이 용어(영문약칭)를 검색하시오.

66 2019년 8월 소비자물가지수는 전년 동월대비로는 0.0% 그대로 이지만 7월에 비해 0.2% 상승하였다. 통계청(국가 통계 포털) 한국의 주요지표에서 2019년 8월 소비자물가지수(단위:(2015=100))를 검색하시오.

67 조선시대 류이주가 세운 대규모 주택에는 목독(나무로된 쌀독)이 있어 가난한 이웃 사람이 쌀을 꺼내 끼니를 이어나갈 수 있도록 허용함으로써 음덕을 베풀고 적선을 하는 것이 돈을 가진 자의 도리임을 보여 주었다. 이 주택의 이름은 무엇인지 검색하시오.

68 언론자유지수(Press Freedom Index)는 국제 언론감시단체인 국경 없는 기자회(Reporters Without Borders)가 집계하여 매년 발표하는 언론자유의 지표이다. 2019년 발표한 언론자유지수에서 한국은 조사대상 180개 국가 가운데 41위로 2단계 올라갔다. 한국의 2019년 언론자유지수 는 몇 점인지 검색하시오.

69 한국도로공사 홈페이지에서 통행요금조회를 찾아 문막(출발T/G)−광양(도착T/G) 간 355.3 km를 고속도로를 이용할 경우 1종으로 구분되는 일반승용차의 통행 요금 (현금 정상요금)을 검색하시오

70 지구촌 군인들의 스포츠를 통해 우정을 다지고 세계평화에 기여하기 위해 열리는 2015년 경북문경 세계군인체육대회의 마스코트 이름은 해라온과 해라오니이다. 2019년 제7회 대회가 열렸던 장소는 어디인지 검색하시오.

71 한 국가에서 통신기기 전파인증을 완료하면 다른 국가에서 이를 인정하는 것으로 이 것이 체결되면 기업이 상대방 국가에 제품을 출시하기 전 별도로 전파인증을 받아야 하는 절차도 생략할 수 있다. 이것은 무엇인지 검색하시오.

72 조선 세종 때 이순지, 김담이 왕명을 받아 천체의 위치를 계산하는 방법을 서술한 역 서로 서술한 천체는 해, 달, 화성, 수성, 목성, 금성, 토성이다. 이 역서의 제목을 검 색하시오.

73 아시아 최고의 영화제를 넘어 세계적인 영화제로 도약한 제24회 부산국제영화제에 서는 다채로운 영화들이 상영되고 있다. 이번 영화제의 폐막작 작품명을 검색하시오.

74 여행경보제도는 우리국민의 해외여행시 일부 국가에 대한 위험수준을 알리고 스스로 여행여부와 여행 시 안전의식을 갖도록 하기 위하여 정부에서 운영하는 제도이다. 앙 골라의 여행경보단계를 검색하시오.

75 제1회 하계유스올림픽이 2010년 싱가포르에서 성공적으로 개최된 데 이어 제4회 하 계유스올림픽이 2022년 어느 나라의 어떤 도시에서 개최될 예정인가 검색하시오.

76 해킹 수법의 하나인 '속이기'라는 뜻으로, 유명 업체의 명의로 스팸메일을 발송하여 소비자들이 믿을 수 있는 이메일로 생각하게끔 오도하여 이메일의 개봉 빈도를 높이 려는 행위를 말한다. 또한 이런 이메일을 통하여 가짜 웹사이트로 유도하여 사용자가 암호와 기타 정보를 입력하도록 속인다. 이 해킹수법을 뜻하는 용어를 검색하시오.

77 2012년 외국인과의 결혼은 28,325건으로 2005년 이후로 계속 감소추세이다가 2018년 증가했다. 통계청 e−나라지표 국제결혼 현황에서 2018년 한국 남자와 러시 아 여자가 결혼한 건수(단위 : 건)를 검색하시오.

78 궁궐의 동쪽에 위치하여 동궁전(東宮殿)이라고도 부르기도 하며 세자와 세자빈의 침전인 이곳의 이름을 검색하시오.

79 전국소년체육대회는 '몸도 튼튼, 마음도 튼튼'이라는 표어 아래 실시된 청소년들의 체육행사로 제1회 대회는 1972년에 스포츠 소년단 창립을 기념하기 위하여 개최되었고, 2018년 대회는 전북에서 개최되었다. 2020년 전국소년체육대회 개최 도시명을 검색하시오.

80 국가환경방사선자동감시망은 우리나라 전 국토에 대한 환경방사선을 효율적으로 감시하기 위하여 자동화된 감시망으로서, 전국의 공간감마선량률을 연중 실시간으로 측정 및 관리하는 시스템이다. 이곳 홈페이지에서 2018년 대관령의 공간감마선량률의 연평균 추이(단위 : $\mu R/h$)를 검색하시오.

81 장애인정책 BI의 디자인의 특징은 휠체어에 앉아 있는 사람을 라인으로 단순화하여 무엇을 형상화하였는지 검색하시오.

82 디지털 이미지나 오디오 및 비디오 등 디지털 형식으로 되어 있는 지적재산의 저작권 보호를 위해 비밀 정보를 삽입하여 관리하는 기술을 말한다. 위·변조 판별 및 불법 복제의 추적 등을 가능하게 하는 이 기술의 용어를 검색하시오.

83 경제활동인구란 만 15세 이상 인구 중 실제 취업자와 일을 하지 않았으나 구직활동을 한 실업자를 말한다. 통계청(국가통계포털)에서 2020년 1월의 경제활동인구(단위 : 천명)를 검색하시오.

84 '오래된 가전제품을 새것으로 바꾼다'는 뜻으로 중국 정부에서 자동차, 가전제품 소비를 진작시켜 내수부양을 하기위해 2009년에 처음 실시한 보조금 정책을 무엇이라 하는지 검색하시오.

85 세계기록유산에 등재되어 있는 것으로 조선시대 왕실에서 국가의 주요행사가 있을 때 훗날 참고하기 위해 남기는 기록과 그림으로 정리한 기록물을 무엇이라 하는지 검색하시오.

86 홍수경보는 홍수예보를 발령하는 지점의 수위가 계속 상승하여 경보위험 홍수위를 초과할 것이 예상되는 경우 발령된다. 영월군의 홍수예보 발령지점인 영월대교의 홍수경보 발령 수위기준(수위표기준 : m)을 검색하시오.

87 해외자원개발과 같이 사업실패 위험이 큰 사업에 대해 민간부문의 적극적인 투자를 유도하기 위해 사업 실패 시 원리금 상환 의무를 면제하는 제도를 무엇이라 하는지 검색하시오.

88 설치 시 사용자의 동의를 구하는 형식을 취하기는 하나 취소 단추를 눌러도 실행은 계속되어 스파이웨어, 애드웨어, 다이얼러 등 때로는 사용자가 원하지 않는 프로그램까지 연결되어 내려받기가 계속될 수 있는 애드웨어 이름의 약어를 검색하시오.

89 2018년 326,822명이 출생해 전국의 출생성비(여아100명당 남아 수) 평균은 105.4로 집계됐다. 통계청(국가통계포털)에서 2018년 인천광역시의 총 출생성비를 검색하시오.

90 아랍어로 '신뢰'라는 뜻으로 금융기관을 통하지 않고 전 세계 조직망을 통해 자금을 유통하는 이슬람 문화권 전통의 비공식 송금 시스템을 무엇이라 하는지 검색하시오.

91 핵무기 보유 국가들은 더 이상의 핵무기의 확산을 반대하고 비보유국은 자국의 안전보장을 확립하기 위해 핵무기 보유국이 핵무기를 보유하지 않은 동맹국의 안전을 보장하는 것을 의미하는 용어를 검색하시오.

92 일본 국보 1호인 광륭사의 목제 미륵보살반가사유상은 우리나라에서 가장 큰(93.5 cm) 국보 금동미륵반가사유상과 그 모습이 너무도 흡사하여 일본 문화재의 제작배경에 관심이 모아지고 있다. 일본 문화재와 비교되고 있는 우리나라의 금동미륵반가사유상은 국보 제 몇 호인지 검색하시오.

93 허가받지 않은 사용자가 네트워크에 들어갈 수 있을 만큼 허술한 부분을 일컫는 용어로 원래는 네트워크 관리자가 외부에서도 시스템을 점검할 수 있도록 빈틈을 만들어둔 데서 시작되었지만, 최근에는 해킹에 취약한 부분을 일컫는 용어로도 사용된다. 이 용어를 검색하시오.

94 인구주택총조사 집계 결과 가구주의 고령화 및 여성화가 빠르게 진행되면서 1인 가구 비율은 2018년 29.3%로 20010년 23.9%보다 5.4% 증가하였다. 통계청(국가통계포털)에서 2018년 전국 1인 가구수(단위 : 천가구)를 검색하시오.

95 조선시대 유득공이 지은 책으로 관상용 비둘기의 품종, 교배 등 사육법을 소개하고 있다. 이 책의 이름을 검색하시오.

96 다음 내용에 해당하는 인물의 성명을 검색하시오.

> • 한국 최초의 여성 서양화가   • 대표 그림 〈선죽교〉
> • 1919년 3.1 만세 운동에 참가   • 여자도 사람이외다

97 고위 공직자와 국회의원 등이 직무와 관련 있는 회사의 보유주식이 본인과 직계존비속을 합하여 3천만원을 초과할 경우, 매각 등의 조치를 취하도록 하는 제도를 무엇이라 하는지 검색하시오(한글).

98 개인이 온라인 사이트에 올라 있는 자신과 관련된 각종 정보의 삭제를 요구할 수 있는 권리이다. 인터넷 검색을 통해 볼 수 있는 개인 신상정보, 사망한 뒤 페이스북에 남아 있는 사적인 사진 등의 정보는 개인의 것이지만 정보의 삭제 권한은 기업에 있다. 이것이 무엇인지 검색하시오.

99 세계 인터넷 주소를 할당·관리하는 Number Resource Organization(NRO)는 IPv4 주소 잔여공간이 완전히 고갈됐으며, 이제는 IPv6가 차세대 인터넷 프로토콜로 상당히 확장된 주소 공간을 제공할 것 이라고 했다. 한국인터넷진흥원 인터넷통계정보검색시스템에서 발표한 2018년 기준 IPv6 보유수를 검색하시오.

100 2009년 '나카모토 사토시'라는 정체불명의 프로그래머가 만든 가상화폐로 개인 간 익명의 거래에 쓰인다. 컴퓨터의 주어진 암호 문제를 풀 때마다 정해진 방식에 따라 자동으로 생성되며, 최대 2,100만개까지 늘어나도록 설계되어 있다. 이 화폐의 이름을 검색하시오.

101 국민 채무를 국가가 일정 부분 구제해 주는 것으로, 채무불이행자의 원금 50%, 기초생활보장 수급자는 원금의 70%까지 깎아주고, 남은 부채는 장기분할 상환으로 바꿔주는 현 정부의 채무탕감제도를 무엇이라 하는지 검색하시오.

102 태풍 이름은 아시아 14개 국가에서 각 국가별로 제출한 10개의 이름을 5개조로 구성하여 순환하여 사용하고 있다. 2019년 마지막 태풍의 이름을 검색하시오.

103 2006년 무렵 특정 보안 위협의 형태를 지칭하여 미국 국방부 및 정부기관들이 원활한 커뮤니케이션을 위해 사용했던 용어로, 특정 기업이나 조직 네트워크에 중요 정보 획득, 사이버 테러 등을 위해 지속적으로 가하는 공격 행위를 검색하시오.

104 수중에 장비나 구조물을 설치하거나 설치된 구조물을 검사, 수리 및 제거하기 위하여 잠수장비를 사용, 수중에서 작업을 한다. 통계청에서 잠수사중 케이블접속일을 하는 통계분류상 분류코드(세세분류)를 검색하시오.

105 한미동맹을 수레바퀴 가운데 축으로, 이 축이 빠지면 수레 전체가 전복된다는 의미에서 린치핀이고 하는데 해리스 미국대사는 한일동맹을 린치핀 대신 미일동맹에서나 사용하는 이 말을 표현했는데 무엇인지 검색하시오.

106 서울시 새 청사 지하 1~2층에는 전시, 토론, 문화 예술 활동 등 시민의 필요에 따라 언제나 다양하게 활용할 수 있는 공간을 개방하였다. 이 공간의 이름을 검색하시오.

107 환경위기시계는 지구환경 파괴에 따른 전 세계 환경전문가들이 느끼는 인류 생존의 위기감을 시간으로 1992년부터 매년 9월 발표해 왔다. 2019년 9월 발표한 우리나라 환경위기 시간을 검색하시오.

108 이메일을 발송한 사실을 제3자가 증명해 주는 것으로, 이메일을 주고 받는 과정에서 발생할 수있는 법적인 문제를 해결해 주며, 이메일에 배달증명서와 전자지문(digital finger print)을 부착해서 상대편에 전달하여 위조나 변조를 막을 수 있다. 이것이 무엇인지 검색하시오.

109 2020년 2월 16일 기상청에 따르면 서울을 포함한 중북부지방에 눈이 내렸다. 서울의 눈은 상당히 늦게 내린 것으로 2019년 서울 기상청에서 관측한 소낙눈이 내린 날짜를 검색하시오(숫자).

110 이슬람 율법인 샤리아에 따라 이슬람 사회에서는 이자(리바, Riba)지급이 금지되어 있다. 이 용어는 불로소득인 이자에 대한 대안으로 고안된 방법이 투자와 배당금 개념으로 이슬람 자본의 운영 원리는 기본적으로 투자를 하고 그것에 대한 배당금을 받는 방식인 이것을 검색하시오.

111 저품질의 재화와 서비스가 거래되는 '레몬 마켓'과 달리 겉과 속이 모두 매력적인 시장을 말하는데 가격에 비해서 고품질의 상품, 서비스, 재화가 거래되는 시장입니다. 이 마켓의 이름을 검색하시오.

112 아시아 영화사상 최초로 아카데미 시상식에서 작품상등 4관왕을 차지한 봉준호 감독의 '살인의 추억'의 원작 소설은 김광림 작가로 '지식을만드는지식'에서 발행한 ISBN-13번호를 검색하시오.

113 정상적으로 발송한 대량 이메일이 스팸 이력으로 간주돼 차단되는 것을 막기 위해, 사전에 등록된 개인이나 사업자에 한해 국내 주요 포털 사이트로 이메일을 전송하는 것을 보장해 주는 제도를 무엇이라 하는지 검색하시오.

114 서울시는 공기의 상태를 파악하고 개선하여 공기오염으로부터 시민의 건강을 보호하기 위해 서울의 대기 오염도를 상시 측정하여 대기환경정보 홈페이지에 대기오염 및 기후변화와 관련된 각종 정보를 제공하고 있다. 이곳 홈페이지 기후대기통계에서 2020년 2월 20일 서울시 평균 초미세먼지 농도(PM-10(μg/m3))를 검색하시오.

115 무료쿠폰 제공', '돌잔치 초대장', '모바일청첩장' 등을 내용으로 하는 문자메시지에 포함된 인터넷 주소를 클릭하면 악성프로그램이 스마트폰에 설치되어 피해자가 모르는 사이에 소액결제가 이루어지거나, 최근에는 피해자 스마트폰에 저장된 주소록 연락처, 사진(주민등록증 · 보안카드 사본), 공인인증서, 개인정보 등까지 탈취하여 더 큰 금융범죄인 전자금융범죄를 검색하시오.

116 아스팔트에 스며든 물기는 기온에 따라 얼고 녹기를 반복하며 도로에 균열을 만드는데 그 위로 차량이 오가면서 아스팔트가 부서지며 떨어져 나가고 결국 커다란 구멍이 생긴다. 이 구멍을 무엇이라 하는지 검색하시오.

117 전자여권(ePassport, electronic passport)이란, 비접촉식 IC칩을 내장하여 신원정보와 바이오 인식정보를 저장한 여권으로 앞표지 하단부분에는 이 기관의 표준에 부합하는 전자여권임을 나타내는 로고가 삽입되어 있으며, 뒤 표지에는 칩과 안테나가 내장되어 있다. 전자여권 앞표지하단에 인쇄된 로고가 상징하는 기관명을 검색하시오.

118 여권 소지자가 무비자로 입국 가능한 국가 수에 따라 전 세계 여권의 순위를 정하는 독창적인 지수로 일본이 1위를 기록했다. 이 지수는 국제항공운송협회(IATA)의 독점 데이터를 기반으로 작성된다. 한국은 189점으로 점수가 떨어지면서 독일과 함께 공동 3위를 기록했다. 이 지수의 이름이 무엇인지 검색하시오.

119 이마트에서 소고기를 구입하기 전에 이력번호인 "002117652578"인 포장육의 도축일자(연월일)를 축산물이력제에서 검색하시오.

120 회사 고용주와 직원의 관계에서 뿐만 아니라 협력사에게 협력 관계 종료를 알릴 때, 주변의 개인적인 인맥과 절교를 표시할 때 보내는 이메일을 의미하기도 한다. 이 메일의 이름을 검색하시오.

121 국내총생산(GDP)은 일정기간 동안 한 국가에서 생산된 재화와 용역의 가치를 합한 것을 의미하며 보통 1년을 기준으로 측정한다. 한국은행 발표 기준으로 2018년 국내총생산(명목GDP, 단위:달러표시)을 검색하시오.

122 많이 쓰이는 단어를 위해 그때그때 조판하는 수고를 덜도록 따로 조판 양식을 지정해 놓은 것으로, 영상물에서는 거의 관례처럼 굳은 연출을 가리키는 이 말을 검색하시오.

123 고속의 디지털 변조에 사용하는 기술로, 제한된 주파수 대역에서 전송 효율을 향상시키기 위해 반송파의 진폭과 위상을 조합해 변조하는 방식을 뜻하며, 암호화되지 않은 채널 이외의 채널을 수신할 수 있도록 하고 있는 기술을 무엇이라 하는지 검색하시오.

124 기업사냥꾼들이 자산가치가 높거나 첨단 기술을 보유하고 있으면서 대주주의 지분이 낮은 기업을 대상으로 미리 낮은 가격에 주식을 매입한 후 대주주에게 자신들의 주식을 높은 가격에 매수하도록 유도하는 협박 메일이 어떤 메일인지 검색하시오.

125 창경궁의 내전으로 성종 14년에 건립되었으며 정조와 헌종이 탄생한 곳으로, 현판의 글씨는 순조의 어필이다. 이 전각의 이름을 검색하시오.

126 정보 수집 방식으로, 국가정보기관이나 민간정보업체에서 수집하는 정보수집 방법 중 사람을 통해 수집한 인적정보를 뜻한다. 첨단 기술로도 얻기 힘든 정보를 대인 접촉을 통해 수집하는 것이 특징으로 스파이 첩보 활동이 있다. 무엇이라 하는지 검색하시오.

127 사이버 공간에서 얻은 기존의 정보를 단순히 재조합하는 데 그치지 않고, 새로운 기능이나 목적에 맞게 정렬, 가공하여 기존과는 다른 정보를 만들어내는 것을 일컫는 신조어이다. 기존의 문자나 동영상 정보를 새롭게 편집해 재구성하는 것, 문자로만 된 정보에 동영상을 덧붙여 정보의 효율성을 높이는 것 등을 의미하는 이 용어를 검색하시오.

128 도시 또는 시설물의 요새화된 일부분을 가리키는 용어로, 군함에서 선체 아래 부분에 가장 두꺼운 장갑이 설치된 곳으로 이 구역에는 생존과 전투를 위해서 가장 중요한 엔진실과 탄약고 등이 위치한다. 이 대피소의 이름을 검색하시오.

129 새로운 피싱 기법 중 하나인 이것은 사용자가 자신의 웹 브라우저에서 정확한 웹 페이지 주소를 입력해도 가짜 웹 페이지에 접속하게 하여 개인정보를 훔치는 것을 말한다. 정보통신망법상의 무단침입죄, 사기죄, 컴퓨터등사용사기죄 등이 성립될 수 있다. 이것을 무엇이라 하는지 검색하시오.

130 대한민국의 장애인의 날은 장애인에 대한 국민의 이해를 깊게 하고 장애인의 재활 의욕을 높이기 위해 제정된 대한민국의 법정 기념일로, 날짜는 매년 4월 20일이다. 국제연합(UN)이 지정한 국제 장애인의 날은 언제(월일)인지 검색하시오.

CHAPTER 06 ▶ 모바일 정보검색 대비하기

CHAPTER 06-1 모바일 기반 시험 유의사항 ▶▶▶

질문1 모바일 기반 시험 대상

답변1 고령층 1 · 2부문, 장년층, 결혼이민자

질문2 예선용 개인 모바일 기기 사용조건

답변2
- 카메라 기능이 있는 모바일 기기를 본인이 준비해 가져옴
- 1대만 사용가능하며 모바일 기기의 크기는 제한 없음
- 운영체제 : 안드로이드 4.0(android 4.0, Ice Cream Sandwich) 이상 또는 iOS 4 이상
- 보조기기(마우스, 키보드 등)를 연결하여 사용할 수 없음
- 고사실에 와이파이(WiFi)가 설치되어 있으며, 본인의 데이터 사용 가능
- 충분한 배터리 충전 또는 여분의 배터리 준비(시험 중 배터리 충전 불가능)

질문3 예선 응시방법

답변3
- 문제지는 인쇄물로 배포하며, 답안지는 모바일에서 작성
- 문제지 첫 장의 QR코드로 모바일 답안지 접속
- 네이버, 다음 또는 전용 QR앱 설치 및 사용법을 시험장 도착 전까지 사전 숙지

질문4	모바일 기반 문항 및 배점
답변4	• 객관식 : 12문제(각5점) 총 60점 • 주관식(작업형 포함) : 5문제(각6점) 총 30점 • 입력형 : 1문제 10점

질문5	문제 풀이 및 답안 작성 방법
답변5	• 객관식, 주관식 문제는 문제지의 문제를 읽고 모바일 기기로 정답을 찾은 후 모바일 답안지에 답안 작성(문제지에 필기구로 임시 답안 작성 가능) • 작업형 문제는 모바일 기기에서 작업 후 모바일 답안지에 답안 작성 및 실행 • 입력형은 문제지의 내용을 모바일 답안지에 직접입력

질문6	본선 선발자 응시방법
답변6	• 참가자용 모바일 기기는 본선참가자에서 당일 대여함 • 모바일 기기(10.1인치) : 2018 갤럭시 Tab A6, 아이패드 에어3 (선택) • 본선은 모바일 기기 바탕화면에 모바일 답안지 바로가기 아이콘이 있음(QR코드로 접속하지 않음) • 시험문제는 별도의 앱을 설치 않아도 문제를 풀 수 있으며 자주 사용하는 앱을 설치하기를 원할 경우에는 기기에서 본인의 이메일로 개인 인증 후 앱설치 가능

■ 모바일 기반 시험은 고령층 1·2부문, 장년층과 결혼이민자 접수자에 한하여 개인용 스마트폰으로 응시할 수 있으며, 문제는 **객관식 12문항, 주관식(디지털생활하기 포함) 5문항, 입력형 1문항**으로 구성되어 있습니다.

■ 종이로 배부한 문제지로 문제를 풀고 그 결과를 모바일 답안지에 접속하여 기록합니다. 모바일 답안지는 문제지의 첫 장에 있는 QR코드로 접속을 합니다.

■ 접수번호와 성명으로 로그인을 누르면 인증 완료 페이지가 열리고 이 창에서 **확인**을 누릅니다.

 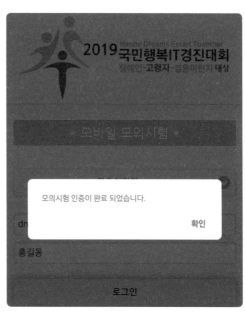

■ 주의사항을 읽고서 시험을 시작합니다. 객관식 문항은 해당 번호를 선택한 후 **각 문항 별로 저장 버튼을 반드시 누릅니다.** 문제를 풀고 난 후 수정하기 위해서는 이전 버튼을 눌러 정답을 수정후 저장 버튼을 다시 누릅니다.

■ 주관식(작업형) 문항은 해당 정답을 입력하거나 문제의 지시에 따라 작업을 합니다. 입력형은 내용을 직접 입력합니다. 주관식과 입력형도 **각 문항별로 저장 버튼을 반드시 누릅니다.**

■ 답안작성이 완료되었으면 마지막 페이지에서 '**문항별 정답 저장 현황**'을 보실 수 있습니다. 미저장 된 문항이 있으면 해당 문항의 **미저장** 이라는 글씨를 누르면 해당번호로 바로 이동하실 수 있습니다.

■ 시험을 끝내려면 **종료** 버튼을 누릅니다.

[문제1] 지각되는 가상세계와 연결된 영구적인 3차원 가상 공간들로 구성된 진보된 인터넷"이라는 의미를 지닌다. 비영리 기술 연구 단체인 ASF(Acceleration Studies Foundation)은 이것을 "가상적으로 향상된 물리적 현실과 물리적으로 영구적인 가상공간의 융합"이라고 정의한 이것이 무엇인지 검색하세요.

[문제2] 거스 히딩크, 박지성에 의해 국내에 잘 알려진 외항사로 특히 히딩크는 이 항공사 마니아로 정평이 났고 박지성도 국내 출입국 시 자주 이용했던 걸로 유명하다. 네덜란드 국적 항공사가 무엇인지 검색하세요.

[문제3] 사슴을 가리켜 말이라고 일컫는 것을 뜻하며 '고의적으로 옳고 그름을 섞고 바꾼다'는 의미를 갖는 사자성어를 검색하세요.(한자)

[문제4] 지구가 아닌 다른 행성 및 위성, 기타 천체의 환경을 지구의 대기 및 온도, 생태계와 비슷하게 바꾸어 인간이 살 수 있도록 만드는 작업을 말한다. 지구에서의 경험을 바탕으로 행성의 환경을 의도적으로 변경하는 것을 무엇이라고 하는지 검색하세요.

[문제5] 2020년 3월 14일(토) 용산역에서 출발하는 여수EXPO행 KTX열차를 알아보려고 한다. 용산역에서 8시 40분에 출발하는 열차의 번호를 검색하세요.

[문제6] 1992년 8월 11일에 우리나라 최초 인공위성인 '우리별 1호'가 발사되었는데 한국 최초의 SAR 관측위성인 '아리랑 5호'가 발사된 날은 언제인지 검색하세요.

[문제7] KBS 수목 드라마 태양의 후예의 모델로 알려졌으며, 드라마의 흥행 대성공으로 인해 이 부대와 연관된 홍보활동도 상당히 많이 했다. 해외파병부대 중 UAE 특수전부대에 대한 군사훈련 등 임무를 수행하는 이 부대는 2020년 현재 UAE에 주둔하여 임무수행중인 이 부대의 이름을 검색하세요.

[문제8] 외교부는 해외안전여행 사이트를 운영중으로 여행 금지국을 지정하여 우리 국민들의 방문 및 체류를 금지하고 있다. 서남아시아에서 여행금지 국가는 어떤 나라인지 검색하시오.

[문제9] 이천은 2010년 유네스코 창의도시 "공예부문" 지정으로 이천도자기축제를 진행하고 있다. 2020년 축제 마지막 날을 검색하세요

[문제10] 서울둘레길은 총 8개의 코스로 구성되어 있습니다. 노을공원과 하늘공원 아래쪽에 있는 메타세콰이어길을 통과하는 길이 속한 코스는 몇 코스인지 검색하세요.

[문제11] 해인사의 팔만대장경을 검색하여 유네스코 세계문화유산등재 연도 − (지역번호 + 국번 + 번호)를 계산하시오.

[문제12] 스페셜 올림픽은 전 세계 지적발달장애인들을 위한 국제 스포츠 대회로 2023년 제16회 하계 스페셜올림픽대회가 열릴 도시를 검색하세요.

[문제13] 유엔환경계획이 만든 개념으로서, 특정 지역의 생태계를 대표할 수 있는 중요 동식물을 뜻한다. 국립공원관리공단이 관리하고 있는 주왕산의 생태계를 대표하는 동물의 이름을 검색하세요.

[문제14] 대한민국 정부포상은 정부서훈과 정부표창으로 구분되며 정부서훈은 상훈법에 의거 전시 또는 이에 준하는 비상사태 하에서 전투에 참가하여 뚜렷한 무공을 세운 자에게 수여하는 훈장의 이름을 검색하세요.

[문제15] 정보확산으로 인한 각종 부작용으로 추측이나 루머가 결합된 부정확한 정보가 인터넷이나 휴대전화를 통해 전염병과 같이 빠르게 전파됨으로써 개인 사생활, 경제, 정치 안보 등에 치명적인 영향을 초래하는 것을 의미하는 용어를 검색하세요.

[문제16] 스마트폰의 알람기능을 이용하여 월요일과 수요일 오전 8시30분에만 알람이 울리도록 설정하고 이 화면을 캡처하시오.

[문제17] 공격 피해를 최소화 할수 있는 능동적 보안시스템으로 탐지하는 역할까지만 담당하는 것은 IDS이고, 탐지한 자료를 바탕으로 차단을 할 것 인지 통과를 시킬 것 인지는 이것이 담당합니다. 이것은 무엇인지 검색하세요.

[문제18] 번화한 큰 길거리에서 달빛이 연기에 은은하게 비치는 모습을 나타내는 말로 태평한 시대의 평화로운 거리 풍경을 이르는 사자성어를 검색하세요(한자).

[문제19] 수도권 지하철 2호선 아현역에서 9호선 송파나루역으로 가기 위한 최소환승중 환승을 해야 될 지하철 역명 모두를 검색하세요.

[문제20] 우리나라 최초의 근대식 호텔은 1888년에 인천에 세워진 대불호텔이다. 서양식 호텔이 1901년 대한문 앞에 생겼는데 궁궐인 경운궁의 턱밑에 자리한 이 호텔의 이름은 무엇인지 검색하세요.

[문제21] 미니 이지스함으로 불리며 해군이 현재 운용 중인 세종대왕급 이지스함(7600톤급)보다 작은 6000톤급이다. 6척이 건조돼 2020년대 중반 이후 전력화될 예정이다. 이것은 이지스체계를 순수 국내기술로 개발·탑재하는 첫 구축함이 된다. 이것은 무엇인지 검색하세요.

[문제22] 여주에 있는 이 가마터는 용인 서리 가마터와 함께 우리나라 도자기 발생의 초기상황과 변천과정은 물론 초기 백자의 편년연구에 있어 중요한 유적으로 평가받고 있다. 조선시대 때는 세종실록지리지(世宗實錄地理志)에 '도기소(陶器所) 하나가 여주 관청의 북쪽 관산에 있다.' 라고 기록되어있을 만큼 여주지역은 도자사적으로 중요한 곳이었던 이 가마터의 이름은?

[문제23] 2015년 8월부터 시행되는 새 우편번호는 5자리로 축소되었는데 대통령의 집무와 거처가 있는 '청와대'의 우편번호는 어떻게 변경되었는지 검색하세요.

[문제24] 서울둘레길 8코스 중 6구간 중 왕실묘역길을 지나면 연산군 묘를 지나게 되면 만나는 공주의 묘가 있는데 그 공주의 아버지는 누구인지 검색하세요.

[문제25] 정의공주가 남편인 안맹담이 죽자 남편의 명복을 빌기 위해 지장보살본원경(地藏菩薩本願經)을 간행하였다. 이 책은 대한민국 보물 몇 호로 지정되었는지 검색하여 정의공주의 생일과 함께 아래에 계산하세요.

(생년 ÷ (음력생월 + 음력생일)) + 보물지정호

[문제26] 스페셜 올림픽은 전세계 지적발달장애인들을 위한 국제 스포츠 대회로 2021년 제12
회 동계 스페셜올림픽대회가 열릴 도시를 검색하세요.

[문제27] 유엔환경계획이 만든 개념으로서, 특정 지역의 생태계를 대표할 수 있는 중요 동식물
을 뜻한다. 거제도의 생태계를 대표하는 식물의 이름을 검색하세요.

[문제28] 대한민국 정부포상은 정부서훈과 정부표창으로 구분되며 정부서훈은 상훈법에 의거
대통령 및 그 배우자, 우방원수 및 그 배우자 또는 대한민국의 발전과 안전보장에 기
여한 공적이 뚜렷한 전직 우방원수 및 그 배우자에게 수여하며 등급은 없다. 이 훈장
의 이름을 검색하세요.

[문제29] 프로그램 솔루션으로 피그와 하이브가 있고, 구성요소로 분산파일 시스템과 맵리듀스
가 이외에 다양한 기능을 구성하는 시스템으로 구성되어 있으며, 대규모 데이터 처리
가 필수적인 구글, 야후 등 대용량의 데이터 처리를 위해 개발된 오픈소스 소프트웨어
는 무엇인지 검색하세요.

[문제30] 해킹 시도 대상의 관련 정보를 수집하는 사전 작업. 침입하기 위한 보안상 취약점, 도
메인 이름, IP 주소, 침입 탐지 시스템 설치 여부, 사용자 목록, 시스템의 하드웨어 사
양, 사용 중인 네트워크 프로토콜, 인증 메커니즘 등의 정보 수집을 말하는 이것은 무
엇인지 검색하세요.

[문제31] 사용자 이름이나, 패스워드, 공유하고 있는 네트워크 자원이나 , 서비스 등을 알아내
는 것을 의미하며, 주로 목적 타겟의 직접적인 연결을 통해 이루어진다. 상대방의 권
한을 습득하고, 원격으로 제어하거나 조작, 툴 설치 등의 행위가 가능한 이것이 무엇
인지 검색하세요.

[문제32] "제1군감염병"이라 함은 감염속도가 빠르고 국민건강에 미치는 위해정도가 너무 커서
발생 즉시 방역대책을 수립해야 하는데 해당하는 감염병의 종류는 모두 몇 가지인지
검색하세요.

[문제33] 이메일 서비스 중에서 전화번호나 예비 이메일 주소와 같은 부가적인 신원 정보를 제
공하지 않고도 사용할 수 있는 극소수 서비스 중 하나다. 또한 이 메일은 기본적으로
암호화되며, 사이트에 토르 액세스 버전이 따로 있다는 것도 큰 장점인 메일의 종류를
검색하세요.

[문제34] 사물과 사물에 센서 및 통신 기능을 결합해 지능적으로 정보를 수집하고 상호 전달하는 네트워크로, 인간이 편리하게 생활할 수 있도록 주변 환경을 조절해 주는 지능형 기술을 의미하는 용어를 검색하세요.

[문제35] 포털 사이트나 블로그와 같이 콘텐츠가 자주 업데이트 되는 웹사이트의 정보를 방문할 필요 없이 자동적으로 확인할 수 있도록 해주는 서비스는 무엇인지 검색하세요.

[문제36] "시간에 이상적인 위치에 대하여 짧은 시간에 나타난 신호의 차이"를 말하는데 이것은 신호의 주기, 주파수, 위상, 듀티 사이클, 또는 다른 타이밍 특성 등의 불안정성을 나타내며, 펄스와 펄스, 연속적으로 이어지는 펄스 또는 긴 시간 동안의 변화를 측정하는 분야의 관심대상은 무엇인지 검색하세요.

[문제37] 그래픽엔진의 대명사인 앤비디아회사에서 개발한 포맷 방식으로 DirectX 기반의 텍스쳐 맵을 나타내기 위해 사용되는 이미지 형식으로 타 형식에 비해 손실대비 압축률이 높고 DX와 완벽하게 호환되기 때문에 대부분의 게임에서 사용되는 형식은 무엇인지 검색하세요.

[문제38] 사용자들이 각종 콘텐츠를 자유롭게 올리고 인터넷 서비스를 직접 만들 수 있게 하는 등 이용자의 적극적인 참여를 유도하고 정보 공유를 확대하는 인터넷 환경을 의미하는 것이 무엇인지 검색하세요.

[문제39] WAN으로 연결된 원거리 컴퓨터들을 하나의 시스템으로 묶어 고도의 연산처리 작업 등을 처리하는 컴퓨팅 기술을 의미하는 이 기술은 무엇인지 검색하세요.

[문제40] LAN으로 연결된 고속의 근거리 통신망으로 연결된 여러 개의 컴퓨터를 이용하여 하나의 컴퓨터처럼 작동하는 시스템을 일컫는 이 컴퓨터 기술의 이름은 무엇인지 검색하세요.

실전 모의고사 1회

① 문제는 객관식과 주관식(작업형) 그리고 입력형으로 구성되어 있습니다.
② 주관식은 문항 뒤에 표시된 정답 표기 방법(한글, 영문, 숫자, 기호 등)에 따라 작성합니다.
③ 입력형은 모바일 기기에서 띄어쓰기에 맞추어 입력합니다.

[문제1] (객관식) 국가보훈처에서는 이달의 독립운동가를 매월 선정하고 있습니다. 2020년 2월의 독립운동가는 누구인지 찾아보세요.

① 지청천 장군
② 박은식 선생
③ 윤봉길 의사
④ 정용기 선생
⑤ 조지 새년 맥큔 선교사

[문제2] (객관식) 특허제도는 발명을 보호·장려함으로써 국가산업의 발전을 도모하기 위한 제도입니다. 국내 특허검색에서 홍원기씨가 출원인으로 현재 등록된 아래 상표의 출원번호를 찾아보세요.

① 4520150003566
② 4200062030000
③ 4019950004975
④ 4019950004985
⑤ 5620060007409

[문제3] (객관식) 2018년 6월 13일 실시한 제7회 전국동시지방선거의 선거는 42,907,715명의 선거인 수에 25,832,076명이 투표를 했습니다. 제주특별자치도지사 선거의 무효투표수는 얼마큼 나왔는지 찾아보세요.

① 3,901
② 8,255
③ 4,943
④ 6,339
⑤ 5,019

[문제4] (객관식) 인천국제공항 2터미널에 22시 00분에 도착하여 30분 동안 입국수속을 마치고 공항철도 직통열차를 타려고 합니다. 입국수속 후 인천국제공항 1터미널에서 출발하는 공항철도 중 가장 빨리 탑승할 수 있는 직통열차 열차시각(평일 기준)을 찾아보세요.

① 21:48   ② 22:12

③ 22:48   ④ 22:50

⑤ 22:55

[문제5] (객관식) 통계청이 발표한 2018년 12월 인구 동향에 따르면 출생아 수는 2만 7천 7백여 명으로 전년대비 감소하였습니다. 2018년 12월 경기도의 출생아 수를 찾아보세요.

① 1,285명   ② 6,226명

③ 2,305명   ④ 1,563명

⑤ 4,708명

[문제6] (객관식) 포항, 후포, 묵호, 강릉 여객터미널에서는 울릉도행 여객선(정기·비정기)을 운항하고 있습니다. 2019년 7월 23일(목) 울릉도에서 후포 여객터미널행 여객선 출발 운항시간을 찾아보세요.

① 16:30   ② 10:30

③ 14:30   ④ 10:00

⑤ 17:30

[문제7] (객관식) 예술의전당의 한가람미술관, 한가람디자인미술관, 서울서예박물관에서는 다양한 미술작품을 감상할 수 있습니다. 예술의전당 한가람미술관에서 2020년 9월에 예정되어 있지 않은 전시회 행사명을 찾아보세요.

① My Dear 피노키오展

② 라울 뒤피 展_장미빛 인생

③ 예술과 평화—중국현대미술 한국교류전

④ 카게에 거장 후지시로 세이지_빛과 그림자의 판타지展

⑤ 2020마니프서울국제아트페어

[문제8] (객관식) 2019년 11월 20일 발생한 태풍은 홍콩에서 제출한 태풍의 이름으로 11월 23일 일본 오키나와에서 소멸한 이 태풍의 이름에 의미는 무엇인가?

① 봉황　　　　　　　　　② 왕관자리
③ 바람의 신　　　　　　　④ 호우
⑤ 빠름

[문제9] (객관식) 2019년 유네스코 세계유산위원회(WHC)의 세계문화유산에 등재된 한국의 서원 9곳이 선정되었습니다. 등재되지 않는 서원은 무엇인가?

① 소수서원　　　　　　　② 돈암서원
③ 옥산서원　　　　　　　④ 도봉서원
⑤ 필암서원

[문제10] (객관식) 우정사업본부는 2020년 3월 26일 발행한 '한국의 옛 건축(궁궐)'의 기념우표 시리즈에 포함되지 않은 궁궐은 무엇인가요?

① 경복궁 자경전　　　　　② 창덕궁 부용정
③ 창경궁 명정전　　　　　④ 덕수궁 석조전
⑤ 경희궁 승정전

[문제11] (객관식) 다음 우리말에 대한 설명으로 옳지 않은 것은 무엇인가요?

① 커리쉴하프 : 마을수장의 전쟁도구장비들
② 예그리나 : 늦게 얻은 사랑스러운 딸자식
③ 온새미로 : 자연 그대로, 언제나 변함없이
④ 시나브로 : 모르는 사이에 조금씩, 조금씩
⑤ 그린비 : 그리운 남자

[문제12] (주관식) 국가지정 보물 문화재로 전남 순천시 선암사 계곡에 놓여진 돌다리인 승선교의 지정번호(보물)를 검색하여 다음의 식을 계산하세요.

$$((1500 \div 150) \times [국가문화재 지정번호] - 360) \div 2$$

[문제13] (주관식) 다음은 2020년 9월 4일(화) 02:30 인천공항(ICN)에서 출발하는 탑승권입니다. 도착지 공항은 어느 나라(국가명)인지 찾아보세요(한글).

Airplane
Boarding Pass 탑승권

Flight	No.
EY0000/04SEP18	

From   ICN
To   CGK
Name   HONG/GILDONG MR
Dep.Time 02:30

Seat No.
좌석번호 **1B**

Membership Card No.
123456789

[문제14] (주관식) 친환경농축산물 인증제도는 소비자에게 보다 안전한 친환경농축산물을 전문 인증기관이 엄격한 기준으로 선별 · 검사하여 정부가 그 안전성을 인증해주는 제도입니다. 인증번호 "10100015"의 대표품목은 무엇인지 찾아보세요(한글).

[문제15] (주관식) 2020 한마음 ICT 경진대회 본선이 열리는 백범기념관을 가기 위해 지하철로 학동역에서 출발하여 효창공원앞역을 가려고 합니다. 최소환승으로 그곳에 도착하려면 어디서 환승을 해야 하는지 지하철 환승역을 검색해보세요(한글).

[문제16] (주관식) 사자성어로 '직책을 다하지 않고 자리만 차지하여 녹만 받아먹는 일'의 시위소찬의 한자 '尸位素餐'를 찾아 복사한 후 답안지에 붙여넣기 하세요(한자).

[문제17] (작업형) 대통령 공개일정은 대통령 공식 홈페이지를 통해서 자세히 알 수 있습니다. 대통령 공개일정 중에서 2020년 2월 2일 일정명과 2020년 2월 9일 일정명을 찾아 모바일 답안지에서 대화를 완성하세요. 각각의 답변 완료 후 응답 버튼을 누르세요(한글 또는 숫자).

질문 : 2020년 2월 2일 일정명은 무엇인가요?
답변 :
질문 : 2020년 2월 9일 방문한 전통시장은 어디인가요?
답변 :

[문제18] (입력형) 다음 내용을 입력하세요(영문, 한글).
단, 글꼴, 크기, 서식, 음영 등은 지정하지 않습니다.

Two roads diverged in a yellow wood,
And sorry I could not travel both
And be one traveller, long I stood
And looked down one as far as I could to Where it bent in the undergrouth;
노란 숲 속에 길이 두 갈래로 났었습니다.
나는 두 길을 다 가지 못하는 것을 안타깝게 생각하면서,
오랫동안 서서 한 길이 굽어 꺾여 내려간 데까지,
바라다볼 수 있는 데까지 멀리 바라다보았습니다

실전 모의고사 2회

① 문제는 객관식과 주관식(작업형) 그리고 입력형으로 구성되어 있습니다.
② 주관식은 문항 뒤에 표시된 정답 표기 방법(한글, 영문, 숫자, 기호 등)에 따라 작성합니다.
③ 입력형은 모바일 기기에서 띄어쓰기에 맞추어 입력합니다.

[문제1] (객관식) 한국 시간으로 2020년 9월 5일 오후 9시 45분은 영국 리버풀 시간으로 언제(월일 시간)일까요?

① 9월 4일 오후 11시45분　　　　② 9월 4일 오전 11시45분

③ 9월 5일 오후 12시45분　　　　④ 9월 5일 오후 01시45분

⑤ 9월 6일 오전 01시00분

[문제2] (객관식) 다음의 정보로 기초연금 모의계산을 했을 경우 소득인정액은 얼마인가요?

입력하신 사항	기본정보	가구유형 부부가구 | 거주지 대도시
	소득재산정보	[소득] 근로소득 (본인)100만원 (배우자)100 만원 | 사업소득 50만원 | 재산소득 100만원 | 공적이전소득 0만원 | 무료임차소득 0만원 [재산] 건축물 30,000만원 | 토지 0만원 | 임차보증금 0만원 | 기타재산 0만원 | 항공기, 선박 0만원 | 회원권 0만원 | 자동차 0만원 | 금융재산 0만원 [부채] 대출금 15,000만원 | 임대보증금 0만원 (주택공시가격 : 0만원)

① 148만원　　　　　　　　② 158만원

③ 159만원　　　　　　　　④ 160만원

⑤ 163만원

[문제3] (객관식) 신안군은 1004개 섬으로 지도읍을 제외하고는 전부 섬으로 이루어진 군이다. 이 때문에 섬들 간의 교통은 주로 페리로 이루어집니다. 비금도의 비금면 도고리 출신으로 프로바둑기사의 이름은 무엇일까요?

① 이창호　　　　　　　　② 조훈현

③ 조치훈　　　　　　　　④ 조남철

⑤ 이세돌

[문제4] (객관식) 제천(출발 요금소)-통영(도착 요금소) 간 고속도로 347.2km 구간에 대하여 승용차(1종 경차)의 통행요금(한국도로공사 제공, 현금결제 기준, 요일시간 할인없음)이 얼마인지 찾아보세요.

① 8,400원　　　　　　　　　② 14,150원

③ 23,500원　　　　　　　　 ④ 17,100원

⑤ 16,800원

[문제5] (객관식) COFIX(Cost of Funds Index)는 국내 9개 은행(정보제공은행)들이 제공한 자금조달 관련 정보를 기초로 하여 산출되는 자금조달비용지수로서, "잔액기준 CO-FIX", "신규취급액기준 COFIX" 및 "단기 COFIX"로 구분 공시됩니다. 2020년 2월 23일에 공시한 "신규취급액기준 COFIX"를 찾아보세요.

① 1.44%　　　　　　　　　　② 1.60%

③ 1.78%　　　　　　　　　　④ 1.49%

⑤ 1.77%

[문제6] (객관식) 통계청 e-나라지표의 소비자물가지수에서 2019년 12월 '소비자물가상승률'을 찾아보세요.

① 0.2　　　　　　　　　　　② 0.7

③ 1.4　　　　　　　　　　　④ 1.9

⑤ 0.4

[문제7] (객관식) 2019년 12월 27일에 발행된 한국을 이끈 과학기술 기념우표의 디자인 소재가 아닌 것은 무엇일까요?

① LNG선박기술설계

② 리튬이온전지

③ 우리별 인공위성

④ 한탄바이러스 백신

⑤ DRAM 메모리 반도체

[문제8] (객관식) 마트에서 구입한 수입쇠고기의 이력번호가 '838001000047'인 호주산 냉동 쇠고기의 수입일자는 언제일까요?

① 2011-07-07   ② 2011-08-22

③ 2011-08-26   ④ 2011-07-27

⑤ 2011-07-08

[문제9] (객관식) 국사편찬위원회에서 만든 조선왕조실록의 번역본을 인터넷에서 찾을 수 있습니다. 이곳에서 '세종실록 115권, 세종 29년 2월 2일 갑오'의 자료 내용을 검색하세요.

① 참의 한전에게 관곽과 미두를 부의로 내려 주었다

② 하연·김종서·정분·정갑손을 불러 행대를 보내는 것에 관해 의논하였다

③ 의정부에서 수령과 만호에게 휴가주는 법을 아뢰다

④ 사비 내은금과 간부 아을단을 참형에 처하였다

⑤ 와주로 지목된 사람을 조사하고, 장물을 사적으로 처분하지 말도록 하였다

[문제10] (객관식) 다음 국가지정 보물 문화재 번호 중에서 부여군에 소재하고 있는 것은 무엇인가요?

① 보물 제1844호   ② 보물 제1845호

③ 보물 제1846호   ④ 보물 제1847호

⑤ 보물 제1848호

[문제11] (객관식) 다음의 식을 계산하세요.

[강원도 유일한 국보 건축물 국보번호] × 12 ÷ (365 - 290)

① 5.12   ② 6.12

③ 7.12   ④ 8.12

⑤ 9.12

[문제12] (객관식) 다음 우리말에 대한 설명으로 옳지 않은 것은 무엇인가요?

① 어라연히프제 : 치마를입고 화살쏘는여성들

② 비나리 : '축복의 말

③ 듀륏체리: 늦게 얻은 사랑스러운 딸자식

④ 푸실 : 풀이 우거진 마을

⑤ 까미 – 얼굴이나 털빛이 까만 사람이나 동물을 일컫는 말

[문제13] (주관식) 아래의 박물관 상징 이미지는 하늘, 바다, 땅의 이미지를 통해 어울림과 소통을 상징화 하고, 푸른색과 너울은 무한한 미래에 대한 도전정신을 지향하는 국립해양박물관을 상징 아래 이미지는 어느 박물관의 상징인지 찾아보세요.

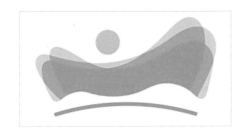

[문제14] (주관식) 고속버스 예매사이트에서 2020년 2월 29일(토)로 예약을 할 때 서울경부 고속버스터미널을 출발해서 마산에 도착하는 프리미엄 버스(심야버스 제외)의 막차 출발시각을 찾아보세요(*본문제는 샘플문제이므로 날짜 경과시 다음주 토요일로 검색)(숫자).

[문제15] (주관식) 다음의 로또 복권 번호 중에서 1등 번호와 일치하는 번호 중에서 가장 큰 수를 적으시오(숫자).

[문제16] (주관식) 사자성어 임갈굴정은 목마름을 당하여 우물을 판다는 말로, 미리 준비가 없다가 일을 당하여 서두른다는 의미입니다. 임갈굴정의 한자 '臨渴掘井'을 찾아 복사한 후 답안지에 붙여넣기 하세요(한자).

[문제17] (작업형) 제24회 부산국제영화제 개막작 작품명과 이 작품의 감독 이름을 찾아 모바일 답안지에서 대화를 완성하세요. 각각의 답변 완료 후 응답 버튼을 누르세요(영문 또는 한글). 제25회가 게시되면 25회로도 검색하세요.

> 질문 : 폐막작 작품의 제목은 무엇이죠?
> 답변 :
> 질문 : 폐막작 작품의 감독은 누구인가요?
> 답변 :

[문제18] (입력형) 다음 내용을 입력하세요(영문, 한글).

> Time is..
> Too Slow for those who Wait
> Too Swift for those who Fear
> Too Long for those who Grieve
> Too Short for those who Rejoice
> But for those who Love
> Time is not.
>
> 시간은
> 기다리는 이들에겐 너무 느리고
> 걱정하는 이들에겐 너무 빠르고
> 슬퍼하는 이들에겐 너무나 길고
> 기뻐하는 이들에겐 너무 짧다네
> 하지만 사랑하는 이들에겐
> 그렇지 않지

① 문제는 객관식과 주관식(작업형) 그리고 입력형으로 구성되어 있습니다.
② 주관식은 문항 뒤에 표시된 정답 표기 방법(한글, 영문, 숫자, 기호 등)에 따라 작성합니다.
③ 입력형은 모바일 기기에서 띄어쓰기에 맞추어 입력합니다.

[문제1] (객관식) 유네스코에서 지정한 인류무형문화유산으로 2018년에 등재된 인류무형문화유산이 아닌 것은 무엇인가요?

① 구슬레 반주로 가창하기　　② 돈당사양
③ 바젤 카니발　　④ 메쌀기의 지식과 기술
⑤ 한국의 전통레슬링(씨름)

[문제2] (객관식) 1965년 11월 12일 타이베이에서 재개관하여 현재에 이르고 있는 대만국립고궁박물관은 엄청난 양의 유물 때문에 가끔 세계 3대 박물관에 포함 된다는 말이 있긴 한데, 실제론 그런 리스트는 없습니다. 당일 제1전시구역(정관)의 모든 전시를 관람할 수 있는 국립고궁박물원의 일반권 요금(단위:NTD, 할인없음, 현장판매 기준)을 찾아보세요.

① NTD 75　　② NTD 180
③ NTD 320　　④ NTD 350
⑤ NTD 400

[문제3] (객관식) 부산의 국립일제강제동원역사관 관람을 마치고 정류소 이름이 범내골역 상공회의소(05223)인 곳에서 심야버스는 몇 번 버스인지 찾아보세요.

① 1000번　　② 1001번
③ 1004번　　④ 1008번
⑤ 1010번

[문제4] (객관식) 베트남의 화폐단위인 동(VND)은 총 12종이며, 모두 지폐로만 이루어져 있습니다. 동전을 거의 쓰지 않기 때문에 우리나라 돈으로 치면 100원까지 화폐로 거래합니다. 지폐 모델이 모두 한 사람이라서 계산 실수하기가 쉬운데, 아래 지폐의 정중앙에 보이는 인물 이름을 찾아보세요.

① 호찌민   ② 판추트린

③ 바오다이   ④ 러레이

⑤ 보응우옌잡

[문제5] (객관식) 김해공항 주차장에 2020년 9월 14일 오전 10시 00분부터 2020년 9월 18일 오후 4시 00분까지 소형차를 주차했을 경우의 예상 주차요금(일반요금)은 얼마인지 알아보세요.

① 47,600원   ② 48,000원

③ 52,400원   ④ 54,400원

⑤ 56,600원

[문제6] (객관식) 2019년 5월 1일부터 우편요금이 조정되면서 일반요금이 50원씩 인상되어 우정사업본부는 우편요금 조정에 따라 새로운 디자인의 일반우표 3종을 2019년 7월 1일 발행하였습니다. 이때 발행한 아래쪽 우표에서 우편요금 자리에는 실제로 얼마의 요금이 표시되어있는지 찾아보세요.

① 320   ② 380

③ 470   ④ 2,180

⑤ 영원우표

[문제7] (객관식) 세계언론자유지수(World Press Freedom Index)는 평가 기관의 언론의 자유 점수를 국경 없는 기자회(Reporters Without Borders)가 집계하여 매년 각 국가별 순위로 발표하는 자료입니다. 2019 세계언론자유지수(World Press Freedom Index)에서 41위를 차지한 대한민국의 언론자유지수는 몇 점인지 찾아보세요.

① 17.60　　　　　　　　　② 18.92

③ 21.36　　　　　　　　　④ 23.28

⑤ 24.94

[문제8] (객관식) 평창 동계올림픽을 기념하기 위해 한국은행이 발행하는 2000원권 기념 은행권(지폐)이 지난 2017년 11월 17일 출시했습니다. 지폐 전면에는 동계올림픽을 구성하는 7개의 경기연맹에서 한 종목씩 넣었습니다. 지폐 도안으로 사용된 7개의 종목을 검색한 후 답안지에서 해당종목이 아닌 것을 찾아보세요.

① 스피드스케이팅　　　　　② 피겨스케이팅

③ 아이스하키　　　　　　　④ 바이애슬론

⑤ 컬링

[문제9] (객관식) 동광주 요금소를 출발해서 경주 요금소에 도착하는 261.6km 구간의 승용차(소형차) 고속도로 통행요금(한국도로공사 제공, 할인/할증 없음)을 조회해보세요.

① 13,400원　　　　　　　　② 13,600원

③ 13,800원　　　　　　　　④ 19,800원

⑤ 21,900원

[문제10] (객관식) 허리케인은, 대서양, 동태평양 등에서 발생한 열대 저기압을 말하며, 허리케인의 이름은 매년 알파벳 순서대로 이름을 사용합니다. 2018년 북대서양에서 발생한 제15호 허리케인의 이름을 찾아보세요.

① 헐린　　　　　　　　　　② 아스커

③ 레슬리　　　　　　　　　④ 아이작

⑤ 마이클

[문제11] (객관식) 다음 우리말에 대한 설명으로 옳지 않은 것은 무엇인가요?

① 꽃가람 : 꽃이 있는 강

② 늘솔길 : 언제나 솔바람이 부는 길

③ 사나래 : 날아 오르다

④ 물비늘 : 잔잔한 물결이 햇살 따위에 비치는 모양

⑤ 희나리 : 마른장작

[문제12] (객관식) 2020 도쿄올림픽 아시아지역 최종예선을 겸한 2020 AFC U-23 챔피언십 (태국)에서 1위, 2위, 3위, 4위의 피파랭킹(2020년 2월 20일 기준, 참고 : 벨기에 랭킹 1)을 검색하여 다음의 식을 계산하세요.

> (2위 피파랭킹 - 1위 피파랭킹) × (4위 피파랭킹 - 3위 피파랭킹)

① 898

② 980

③ 982

④ 1,061

⑤ 1,161

[문제13] (주관식) 문재인 대통령은 뉴욕(New York)의 Intrepid Sea, Air & Space Museum 에서 개최된 '아틀란틱 카운슬(Atlantic Council)' 주관 세계시민상(Global Citizen Award) 시상식에서 '2017 세계시민상'을 수상했습니다. 문 대통령이 이날 수상한 세계시민상은 2010년에 제정됐으며 세계 시민의식 구현과 민주주의 발전 등에 기여한 인사에게 주는 상입니다. 올해는 문재인 대통령과 쥐스탱 트뤼도 캐나다 총리, 중국 출신 피아니스트가 선정됐습니다. 이 피아니스트의 이름을 찾아보세요.

[문제14] (주관식) 사자성어 摩拳擦掌은 '주먹과 손바닥을 비빈다'는 뜻으로, 기운을 모아서 돌진할 태세를 갖추고 기회를 엿봄을 이르는 말입니다. 한자 摩拳擦掌을 찾아 복사한 후 답안지에 붙여넣기 하세요(한자).

[문제15] (작업형) 유네스코 세계유산 등재에 도전하는 '산사, 한국의 산지승원'에 대한 전문가 현지 실사가 지난 9월에 있었습니다. 문화재청이 지난 2월 유네스코 세계유산센터에 등재 신청서를 제출한 '산사, 한국의 산지승원'은 7개 사찰로 구성되었습니다. 이 중에서 안동에 있는 사찰의 이름과 이곳에 있는 대웅전의 국보 문화재 지정번호를 찾아 모바일 답안지에서 대화를 완성하세요. 각각의 답변 완료 후 응답 버튼을 누르세요(한글, 숫자).

질문 : 안동시에 있는 사찰의 이름은 무엇인가요?
답변 :
질문 : 대웅전의 국보 문화재 지정번호는 무엇인가요?
답변 :

[문제17] 2010년 그리스의 레스보스섬에서 진행된 유네스코 세계지질공원네트워크 총회에서 제주도가 최초의 세계 지질공원으로 인정받으면서, 2011년 국내에 국가지질공원제도가 도입되고 지질유산의 보존과 현명한 이용이라는 국제적 흐름에 동참하게 되었습니다. 2013년에 인증한 국가지질공원 CI 이미지를 찾아 아래와 같이 이미지를 자르기 하여 답안지에 제출하세요.

[문제18] (입력형) 다음 내용을 입력하세요(영문, 한글).

People kept talking about tomorrow;
So I asked them what it is.
They told me that tomorrow will be
When night is gone and dawn comes.
Anxiously waiting for a new day,
I slept through the night and
woke up to learn
that tomorrow was no more
It was another today.
Friends,
There is no such a thing
As tomorrow
내일은 없다
내일 내일 하기에 물었더니
밤을 자고 동틀 때 내일이라고
새날을 찾던 나는 잠을 자고 돌보니
그때는 내일이 아니라 오늘이더라
무리여! 동무여!
내일은 없나니

① 문제는 객관식과 주관식(작업형) 그리고 입력형으로 구성되어 있습니다.
② 주관식은 문항 뒤에 표시된 정답 표기 방법(한글, 영문, 숫자, 기호 등)에 따라 작성합니다.
③ 입력형은 모바일 기기에서 띄어쓰기에 맞추어 입력합니다.

[문제1] (객관식) 2020년 2월 23일 김포공항에서 출발하여 제주공항에 도착하는 여객기 중에서 김포공항에서 가장 늦게 출발하는 국내선 항공사의 이름을 찾아보세요.

① 대한항공   ② 이스타항공
③ 제주항공   ④ 진에어
⑤ 아시아나항공

[문제2] (객관식) 제주도는 대중교통개편 체계에 맞춘 제주전역 버스요금 단일화에 따라 교통복지카드 발급, 급행버스 비례 요금제 도입 등 새로운 요금체계를 시행하고 있습니다. 제주 전역으로 이동할 때 교통요금은 1,200원이며 2회까지 환승이 가능한데 40분 이내에 갈아타면 별도 요금이 추가되지 않습니다. 서귀포시 버스 정류장 번호가 '406000116'번인 곳에 정차하는 버스번호는 무엇인가요?

① 201   ② 281
③ 510   ④ 633
⑤ 5001

[문제3] (객관식) 안성(출발 요금소)–청도(도착 요금소) 간 고속도로 257.2km 구간에 대하여 승용차(1종)의 통행요금(한국도로공사 제공, 현금결제 기준, 요일시간 할인없음)이 얼마인지 찾아보세요.

① 14,700원   ② 15,700원
③ 16,100원   ④ 16,600원
⑤ 17,200원

[문제4] (객관식) 수도권 지하철 "방화역"에서 "신창(순천향대)역"까지는 정차역 개수는 52개, 최소환승으로 소요시간은 약 2시간 22분입니다. 이 구간에 대한 편도 요금(카드기준, 할인없음)은 얼마일까요?

① 3,550원   ② 3,850원

③ 3,950원   ④ 3,700원

⑤ 4,200원

[문제5] (객관식) 부동산 매매를 하면 거래 계약의 체결일부터 60일 이내에 실제 거래가격으로 시 · 군 · 구청에 신고해야 하는 것이 부동산 실거래 가격 신고입니다. 서울특별시 노원구 공릉동 화랑타운아파트(전용면적 84.65㎡) 7층의 2020년 1월 매매 실거래가(단위:만원)는 얼마일까요?

① 66,500   ② 68,800

③ 72,000   ④ 73,000

⑤ 78,000

[문제6] (객관식) 통계청 국가주요지표는 국민의 웰빙과 국가발전의 주요상황을 체계적으로 파악할 수 있도록 선정한 핵심지표입니다. 국가주요지표에서 2018년 남성의 인터넷 이용률(전체, 단위:%)을 찾아보세요.

① 51.4   ② 82.9

③ 91.0   ④ 87.7

⑤ 93.9

[문제7] (객관식) 어느 시도에서 누가 생산했는지 이력을 추적할 수 있도록 정부는 계란 껍데기에 산란일자 4자리와 생산자고유번호(영어숫자 5자리) 그리고 마지막 사육환경을 의미하는 1자리 숫자를 표시하도록 했다. 사육환경 3은 무엇인지 선택하세요.

① 방사사육   ② 축사내 평사

③ 개선된 케이지   ④ 기존 케이지

⑤ 축사내 방사

[문제8] (객관식) 코엑스(coex)는 글로벌 전시회와 국제회의를 통한 국제교류의 장으로 글로벌 비즈니스 인프라를 갖춘 전시문화, 관광 명소로서 마이스 비즈니스의 중심으로 자리매김하고 있습니다. 코엑스(coex)의 2020년 10월 전시회 행사명이 아닌 것을 검색하세요.

① 2020 디자인코리아 페스티컬 ② 2020 IFS 프랜차이즈 서울하반기
③ 2020 국제병원의료산업박람회 ④ 2020 서울국제소싱페어
⑤ 2020 대한민국친환경대전

[문제9] (객관식) 우정사업본부는 조선왕실의 정치적·문화적 상징이자 뛰어난 조형미를 갖춘 예술품으로 평가받는 조선왕실의 인장을 담은 세 번째 우표 시리즈 '조선왕실의 인장'을 발행했습니다. 조선왕실의 인장을 담은 세 번째 우표 시리즈에 포함되지 않은 것은 무엇인가요?

① 대원수보 ② 유서지보
③ 제고지보 ④ 준명지보
⑤ 칙명지보

[문제10] (객관식) 다음 우리말에 대한 설명으로 옳지 않은 것은 무엇인가요?

① 메지메지 : 물건을 여럿으로 따로따로 나누는 모양
② 비설거지 : 비가 오려고 하거나 올 때, 비에 맞으면 안 되는 물건을 치우거나 덮는 일
③ 울레줄레 : 크고 작은 사람들이 앞서거니 뒤서거니 뒤따르거나 늘어선 모양
④ 휘휘친친 : 생활이 넉넉하여 아쉬움 없이 돈을 잘 쓰며 지내는 모양
⑤ 흙감태기 : 온통 흙을 뒤집어쓴 사람이나 물건

[문제11] (주관식) 1953년에 설립한 의류 제조 및 판매사로 서울특별시 용산구 후암로 36-1에 소재한 근린생활시설이다. 창업 당시에는 일반 양복점으로 출발하였으나 얼마 지나지 않아 각종 종교 집회와 행사에 사용되는 가운을 전문적으로 취급하는 특화업체로 전환하였다. 서울미래유산으로 2013년 선정된 이곳의 이름은 무엇인지 검색하세요.

[문제12] (주관식) 위 문제에서 서울미래유산으로 2013년 선정된 이곳의 이름을 찾아서 위치를 캡처하세요.

[문제13] (주관식) 고속철도 SRT 예매사이트에서 내일 수서역을 출발해서 목포역에 도착하는 SRT 663호 열차의 목포역 도착시각을 찾아보세요(숫자).

[문제14] (주관식) 2019년 9월에 발생한 태풍 중에서 10월 3일 경상북도 울릉권 북북쪽에서 온대저기압으로 변질된 태풍의 이름을 찾아보세요(한글).

[문제15] (주관식) 사자성어 '갠 하늘의 구름과 가을의 달이라는 뜻으로, 가슴 속이 맑고 깨끗함을 비유하여 이르는 말'로 청운추월을 찾아 晴雲秋月(청운추월)을 찾아 복사한 후 답안지에 붙여넣기 하세요(한자).

[문제16] (작업형) 2019년 제72회 칸영화제에서 황금종려상을 봉준호감독의 기생충이 받게 되었는데 2019년 이 영화제의 개막작과 폐막작을 찾아 모바일 답안지에서 대화를 완성하세요. 각각의 답변 완료 후 응답 버튼을 누르세요(영문 또는 한글 또는 숫자).

> 질문 : 개막작 제목과 감독은 누구인가요?
> 답변 :
> 질문 : 남우주연상을 받은 영화제목과 배우는 누구인가?
> 답변 :

[문제17] (입력형) 다음 내용을 입력하세요(영문, 한글).

> If thousands people love you, one of them will be me.
> If ten people love you, one of them will also be me.
> If no one loves you, because I won't be existed in the world.
> 만약 수천명의 사람들이 당신을 사랑한다면 그중 한명이 저일것입니다.
> 만약 열명의 사람들이 당신을 사랑한다면 그들 중 한명 또한 저일것입니다.
> 만약 어느 누구도 당신을 사랑하지 않는다면 내가 세상에 존재하지 않기 때문일것입니다.

실전 모의고사 5회

[문제1]   (객관식) 다음 중 증권/금융 공인인증서의 비밀번호 강도가 가장 높은 것은 어느 것 인가요?

① 349383243432   ② SEOULKOREA

③ hong32le8d4   ④ sk!32j@8949

⑤ giedu@1339

[문제2]   (객관식) 타인에게 송금했을 경우 보이스피싱이 의심되어 타인의 현금 인출 지급정지를 요청할 수 있는 전화번호는 무엇일까요?

① 111   ② 112

③ 114   ④ 119

⑤ 120

[문제3] (객관식) 우즈베키스탄 수도의 공식 명칭을(2020년 2월 23일 기준)을 검색하세요.

① 칼라칼팍   ② 사마르칸트

③ 타슈켄트   ④ 부하라

⑤ 치르치크

[문제4]   (객관식) 질병관리본부지정한 '검역감염병 오염지역'을 방문(체류, 경유) 후 입국 시 건강상태 질문서 제출이 의무화되었습니다. '수단'은 일부여행자가 주의해야 할 질병에 해당하지 않은 것을 검색하세요.

① B형간염   ② 뇌수막염

③ 광견병   ④ 일본뇌염

⑤ 황열

[문제5] (객관식) 인천국제공항에서 출발하여 영종대교를 건너 서울외곽순환도로를 통해서 의정부역에 도착하려고 하는 소형 승용차의 통행요금(현금결제 기준, 할인없음)의 합계는 얼마일까요?

① 3,300원　　　　　　　　　② 4,400원

③ 5,500원　　　　　　　　　④ 6,600원

⑤ 10,100원

[문제6] (객관식) 2022 국제축구연맹 월드컵(2022 FIFA world cup) 결승전 경기가 열린 도시는 어디인가요?

① 루사일　　　　　　　　　② 도하

③ 알와크라　　　　　　　　④ 알코르

⑤ 메사이드

[문제7] (객관식) 대한민국 국민들은 사증면제협정에 의거하여, 혹은 일방주의 및 상호주의에 의해 사증 없이 입국할 수 있습니다, 대한민국 일반여권 소지자가 유럽국가 아르메니아를 무사증입국으로 체류할 수 있는 기간은 며칠인 가요?

① 15일　　　　　　　　　　② 30일

③ 90일　　　　　　　　　　④ 360일

⑤ 연180일

[문제8] (객관식) 2019년에 발행한 유네스코 인류무형문화유산 시리즈를 기념한 대한민국 우표의 문화재 이름을 찾아보세요.

① 강릉단오제　　　　　　　② 한국레스링

③ 매사냥　　　　　　　　　④ 줄다리기

⑤ 제주해녀문화

[문제9] (객관식) EMS란 급한 편지, 서류나 소포 등을 가장 빠르고 안전하게 외국으로 배달해 주는 국제특급우편입니다. 싱가포르로 발송되는 0.4kg 서류의 국제특급우편의 요금을 찾아보세요.

① 12,500원　　　　　　　　　　② 14,500원

③ 16,000원　　　　　　　　　　④ 17,500원

⑤ 18,000원

[문제10] (객관식) 다음(Daum) 또는 네이버(Naver)의 환율정보에서 KEB하나은행이 제공하는 필리핀화폐(PHP)의 2020년 2월 21일 일자별 매매기준율 조회(종가)에서 1페소(PHP)당 원화 환율은 얼마(단위:원)인지 찾아보세요.

① 18.92원　　　　　　　　　　② 17.54원

③ 32.87원　　　　　　　　　　④ 41.96원

⑤ 23.83원

[문제11] (객관식) 다음 우리말에 대한 설명으로 옳지 않은 것은 무엇인가요?

① 소소리바람 : 이른 봄에 살 속으로 기어드는 차고 음산한 바람

② 부라퀴 : 가늘고 힘없는 사람

③ 산돌림 : 옮겨다니며 한줄기씩 내리는 소나기

④ 사부랑사부랑 : 물건을 느슨하게 묶거나 쌓아놓은 모양

⑤ 오비다 : 좁은 틈이나 구멍속을 갉아내거나 도려내다

[문제12] (객관식) 퍼플 출판사에 발행한 '백범 김구 자서전 백범일지' 검색하여 이 책(국내도서)의 국제표준도서번호(ISBN-13)의 숫자를 다음 식의 네모 칸에 순서대로 넣어 계산하세요.

(□□□ × □□) + (□□ × □□) − □□□□

① −23,938　　　　　　　　　　② 62,940

③ 80,440　　　　　　　　　　④ 915,457

⑤ 4,356,256

[문제13] (주관식) 장래인구추계는 인구주택총조사 결과에 출생 사망 국제이동 등 추이를 반영하고 각종 인구 변동 요인과 관련한 가정에 근거해 주기적으로 향후 50년간의 장래인구를 전망하는 통계자료입니다. 다음 내용에서 밑줄 친 부분의 오류 내용을 찾아 올바르게 수정하세요.(한글, 숫자).

> □ 장래인구추계(2017~2067년)
>
> - 총부양비는 <u>**2017년 36.7명**</u>에서 계속 높아져 <u>**2067년 120.2명**</u>까지 증가할 전망
> - 총인구는 <u>**2028년 5,194만명**</u>을 정점으로 감소 전망
> - 인구성장률은 <u>**2029년부터 마이너스**</u>로 전환
> - 생산연령인구는 <u>**2020년대 연평균 23만명**</u> 감소

[문제14] (주관식) 아덴만 여명작전 성공으로 '해상 인질구출 작전의 롤모델'로 칭송받은 청해부대 31진이 현재(2020년 2월 23일 기준) 아덴만에서 임무를 수행중인 함정을 찾아보서 몇 번의 임무수행을 했는지 찾아보세요(한글).

[문제15] (주관식) 2018년 여름 전국의 기상관측소에서 최고기온 신기록을 세우며 서울에서는 사상 처음으로 이틀 연속 초열대야 현상이 나타나는 등 폭염 탓에 한국의 기상 역사가 다시 쓰였습니다. 서울 기상관측소(유인관서)에 관측한 2019년 최고기온(℃)과 날짜를 찾아보세요(숫자).

[문제16] (주관식) 사자성어 회자인구는 '사람들에게 널리 알려저 입에 오르내리고 찬양을 받는다' 라는 의미로 한자 회자인구를 찾아 복사한 후 답안지에 붙여넣기 하세요(한자).

[문제17] (입력형) 다음 내용을 입력하세요(영문, 한글).
단, 글꼴, 크기, 서식, 음영 등은 지정하지 않습니다.

> As Director General, I would like to welcome you to the National
> Museum of Korea (NMK), where history and culture are alive.
> NMK is designed to help visitors better appreciate Korean
> history and culture, as well as world culture.
> 역사와 문화가 살아 숨 쉬는 국립중앙박물관에 오신 것을 환영합니다.
> 국립중앙박물관은 여러분이 우리의 역사와 문화, 나아가 세계문화에 대한 이해를 높이고 문화예술에 대한 소양을 키워 문화를 제대로 누리고 즐기도록 돕는 곳입니다.

본선 대비 문제

① 문제는 객관식과 주관식(작업형) 그리고 입력형으로 구성되어 있습니다.
② 주관식은 문항 뒤에 표시된 정답 표기 방법(한글, 영문, 숫자, 기호 등)에 따라 작성합니다.
③ 입력형은 모바일 기기에서 띄어쓰기에 맞추어 입력합니다.

[문제1] (객관식) 달걀을 구매하기 전에 달걀 표면에 표시된 정보(예:0912Q48MI3)를 확인하고 구매하면 더욱 안전하고 신선한 달걀을 드실 수 있습니다. 예(0912Q48MI3)에서 달걀 표면에 표시된 마지막 숫자 "3"의 경우 무슨 의미인지 찾아보세요.

① 축사 내 평사 ② 부산 지역 생산
③ 방사 사육 ④ 개선된 케이지
⑤ 농장의 건물 번호

[문제2] (객관식) 모기예보제는 서울지역 모기발생 상황을 지수화하여, 이를 토대로 4단계 모기 발생 예보를 제공하고 단계별 시민행동요령을 알려주는 일일 모기예보 서비스입니다. 2020년 5월 1일~10월 31일까지 시행기간을 가지는 모기예보제는 2020년 2월 24일 현재의 지수는 무엇인지 검색하세요.

① 쾌적 ② 관심
③ 주의 ④ 불쾌
⑤ 발표 안했음

[문제3] (객관식) 유니버시아드는 국제 대학 스포츠 연맹이 주관하는 대학생 종합 운동 경기 대회입니다. 제32회 하계 유니버시아드(Winter Universiade) 대회 개최 예정지(도시명)는 어디인가요?

① 러시아의 블라디보스크
② 미국의 레이크플래시드(Lake Placid)
③ 스위스의 루체른(Lucerne)
④ 중국의 청두(Chengdu)
⑤ 러시아의 예카테린부르크

[문제4] (객관식) 2020년 2월 William Chueh와 그의 동료들은 원통형 리튬인산철(Cylin-drical lithium iron phosphate (LFP)) / 흑연 전지를 위한 6 단계 10 분 고속 충전 프로토콜의 폐쇄 루프(Closed-loop) 최적화 방법을 개발하였다고 영국 학술지 '네이처(Nature)'에 발표했다고 보도했습니다. 네이처 몇 호에 발표했는지 찾아보세요.

① Nature 559   ② Nature 568

③ Nature 578   ④ Nature 588

⑤ Nature 598

[문제5] (객관식) e-나라지표에서 2018년 원자력 발전량의 ㉠비중(%)을 찾아보세요. 한국수력원자력 현황에서는 2018년 원자력 ㉡발전설비용량(MW)을 찾아보세요. 찾아본 값으로 다음의 식을 계산하세요.

① 21,850   ② 21,860

③ 36,719   ④ 36,980

⑤ 37,861

[문제6] (객관식) 아래의 바코드를 스캔하여 국립중앙도서관 몇 층에 이 도서가 있는지 찾아보세요.

① 1층   ② 2층

③ 3층   ④ 4층

⑤ 5층

[문제7] (객관식) 다음 내용에 해당하는 국보 문화재 지정번호를 찾아보세요.

> 대한민국에서 발견된 유일한 고구려비로 5세기 고구려에서 만들어진 것으로 추정된다. 비의 높이는 2.03 m, 폭은 55 cm, 두께는 33 cm이고, 충청북도 충주시 중앙탑면 용전리 입석마을에 소재한다

① 제205호   ② 제245호

③ 제298호   ④ 제317호

⑤ 제343호

[문제8] (객관식) 다음의 문자 메시지는 어떤 상황을 나타내는 것인지 찾아보세요.

> ★ 긴급속보 ★
> '주차문제와 관련한 욕설문자를 받았을때 해당 번호로 전화를 걸면 자동으로 돈이 결제된다.', '특정번호로 온 전화를 받으면 자동으로 돈이 결제되며 이미 1000명이나 피해를 봤으니 이 번호를 수신거부 해둬라' 등과 같은 내용을 포함하고 있는데요. 하지만 이 내용은 모두 거짓으로 사람을 골탕먹이기 위해 만들어진 사례라고 할 수 있습니다.
>
> ★ 복사해서 주위 분들께 속히 전달해 주세요★
> 뿌리고 있는 중 막 당했다는 주위사람이 있습니다. 알려주세요~~

① 스미싱(smishing)   ② 파밍(pharming)

③ 혹스(hoax)   ④ 스푸핑(spoofing))

⑤ 보이스피싱(voice phishing)

[문제9] (주관식) 우체국에 우편물을 등기로 접수하면 등기번호가 찍힌 영수증을 받을 수 있습니다. 다음 등기 우편물의 배달완료 날짜와 시간을 조회해 보세요.

등기번호	요금	우편번호	수취인
5108101004483	1,500	07023	최*영

[문제10] (객관식) 2019년 발행한 「한국-인도 공동우표」에 나오는 피사석탑은 삼국유사 몇 권 어디에 기록이 나오는지 찾아 해당 하는 것을 아래 보기에서 고르세요.

① 권1 기이 제1 　　　　② 권3 흥법 제3

③ 권3 탑상 제4 　　　　④ 권5 신주 제6

⑤ 권5 피은 제8

[문제11] (객관식) 공공데이터포털은 국민이 쉽고 편리하게 공공데이터를 이용할 수 있도록 파일데이터, 오픈API, 시각화 등 다양한 방식으로 공공데이터를 제공하고 있습니다. 다음 중에서 오픈API 형식으로 저작자표시를 해야 하는 공공데이터는 어느 것인가요?

① 도로명주소조회서비스 　　　　② 수산물 수출입정보

③ 부동산 지적정보 　　　　④ 서울특별시 버스정보

⑤ 기상청 날씨예보 정보

[문제12] (객관식) 다음 우리말에 대한 설명으로 옳지 않은 것은 무엇인가요?

① 앙바틈하다 : 짤막하고 딱 바라져 있다.

② 우세스럽다 : 남에게 놀림과 비웃음을 받을 듯하다.

③ 이악스럽다 : 이익을 위하여 지나치게 아득바득하는 태도가 있는 듯하다.

④ 제겨디디다 : 발끝이나 발뒤꿈치만으로 땅을 디디다.

⑤ 직신거리다 : 날이 흐리고 바람기가 없다.

[문제13] (주관식) 영조의 생모인 숙빈 최씨의 신위를 모신 사당으로 영조 원년에 세워 숙빈묘라 했으나 영조 29년 승격하여 ■ ■ ■ 으로 고쳐졌습니다. 이 건물은 종묘와 더불어 조선시대 묘사제도를 엿볼 수 있는 귀중한 자료로 평가받고 있으며 원래는 7궁이었으나 지금은 ■ ■ ■ 에서 7인의 신위를 모시고 있습니다. ■ ■ ■ 에 공통으로 들어갈 내용을 찾아보세요(한글).

[문제14] (주관식) 외교부는 2019년 5월 11일 아프리카에서 프랑스군 작전으로 구출된 인질 4명 중 1명이 한국인으로 확인됐다고 밝혔습니다. 이들이 구출된 아프리카 국가와 수도 이름은 무엇인가요(한글)?

[문제15] (주관식) "달빛어린이병원 운영으로 소아 등 어린이들이 고열 등 외래진료가 필요가 경우 야간에 소아청소년과 전문의에게 신속한 진료를 받을 수 있고 응급실 이용 시 진료 대기 등으로 인한 부모들이 불편함이 일부 해소될 것"으로 기대하고 있다. 대구광역시 지역의 달빛어린이병원의 이름을 찾아보세요(한글).

[문제16] (객관식) 미얀마 호텔관광청은 오는 10월부터 내년 9월까지 한시적으로 한국과 일본 관광객에게 무비자 입국을 허용할 방침이라고 밝혔습니다. 현재 관광 목적으로 미얀마를 방문하는 한국인은 홈페이지 등을 통해 사전에 비자를 받아야 합니다. 대한민국 국민이 미얀마 공식 홈페이지에서 온라인으로 상용비자(70일)를 발급받을 경우 발급 수수료(Visa Processing Fees, 단위:달러)는 얼마인가요?

① $50   ② $56

③ $70   ④ $120

⑤ $130

[문제17] (객관식) 국무조정실 산하 국토연구원 부설 연구기관인 건축도시공간연구소(AURI) 건축도시정책정보센터는 건축물 대장의 인허가 날짜를 기준으로 집 주소만 입력하면 내진설계 적용 여부를 손쉽게 확인할 수 있는 내진설계 간편조회 서비스를 운용하고 있습니다. 보기의 주소 중에서 내진설계 의무대상 건축물이 아닌 것은 어떤 것인지 찾아보세요.

① 경상북도 경주시 금성로372번길 58 (신흥그린시아1차)

② 광주광역시 서구 천변좌하로 532 (부건빛고을아파트)

③ 서울특별시 종로구 청계천로 391 (숭인상가아파트)

④ 대구광역시 동구 반야월로32길 17 (대경고을빛아파트)

⑤ 대전광역시 중구 보문로162번길 23 (현대아파트)

[문제18] (주관식) 다음의 고속도로 구간에 대하여 승용차(2축 차량, 윤폭 279.4mm이하)의 고속도로 통행요금(현금결제 기준, 요일시간 할인없음)이 얼마인지 찾아보세요.

경로	천안 ➡ 천안JC ➡ 목천 ➡ 옥산JC ➡ 서오창 ➡ 오창JC ➡ 증평 ➡ 진천
총거리	53.1Km